格物致知 乐观向上

北京市高精尖学科战略经济新兴交叉学科支持
中国财政发展协同创新中心专项资助

战略经济与安全系列丛书

战略规划系统系列

PPBE：规划、计划、预算与执行系统研究

Introduction to Planning, Programming, Budgeting and Execution System

陈 波 陈利香 编著

中国财经出版传媒集团
中国财政经济出版社
北京

图书在版编目（CIP）数据

PPBE：规划、计划、预算与执行系统研究／陈波，陈利香编著．——北京：中国财政经济出版社，2023.10
（战略经济与安全系列丛书．战略规划系统系列）
ISBN 978－7－5223－2794－5

Ⅰ.①P… Ⅱ.①陈…②陈… Ⅲ.①国防经济学－研究 Ⅳ.①E0－054

中国国家版本馆 CIP 数据核字（2024）第 035297 号

责任编辑：李 静 卢关平　　责任校对：胡永立
封面设计：孙俪铭　　　　　　责任印制：张 健

PPBE：规划、计划、预算与执行系统研究
PPBE：GUIHUA、JIHUA、YUSUAN YU ZHIXING XITONG YANJIU

中国财政经济出版社 出版

URL：http：//www.cfeph.cn
E－mail：cfeph@cfeph.cn

（版权所有　翻印必究）

社址：北京市海淀区阜成路甲 28 号　邮政编码：100142
营销中心电话：010－88191522
天猫网店：中国财政经济出版社旗舰店
网址：https://zgczjjcbs.tmall.com
中煤（北京）印务有限公司印刷　各地新华书店经销
成品尺寸：170mm×240mm　16 开　7.75 印张　127 000 字
2023 年 10 月第 1 版　2023 年 10 月北京第 1 次印刷
定价：48.00 元
ISBN 978－7－5223－2794－5
（图书出现印装问题，本社负责调换，电话：010－88190548）
本社质量投诉电话：010－88190744
打击盗版举报热线：010－88191661　QQ：2242791300

北京市高精尖学科新兴交叉学科支持
中国财政发展协同创新中心专项资助

总　序

美军战略规划系统为美国国防部所有规划提供战略基础，是美军参联会主席用来系统研究美国国家安全环境和国家安全目标的规划系统。该系统负责评估威胁、机遇和风险，评价现行战略、现有或拟议的计划与预算；形成在资源有限的条件下，以能够接受的风险水平形成实现国家安全目标所需的军事战略、武装力量与计划。美国联合战略规划系统整合了国家军事战略、资源需求和作战规划，把战略、规划与资源较好地连接在一起，所以美军战略规划系统也被称为国防资源战略规划系统。

联合战略规划系统为美军确定装备需求提供战略背景。其中联合能力集成与开发系统（JCIDS）确定、记录、核实并批准装备需求，规划、计划、预算与执行系统（PPBE）为装备需求制定计划与预算，国防采办系统（DAS）把任务需求和技术机遇转变为作战能力。美国国防部将联合能力集成与开发系统，规划、计划、预算与执行系统，国防采办系统又统称为国防采办决策支持系统，是美军确认军事能力需求、形成系统采办、执行预算控制的一体战略规划系统。

美国战略规划系统尽管在其国内也存在较大的争论和非议，然而其在支撑美国大国军事力量发展，特别是把战略、预算与资源有效对接,实现美军战略与资源有效匹配方面发挥了较大作用。我国学术界一直关注美军战略规划系统的研究工作,然而由于美军战略规划系统非常复杂,加之美军战略规划系统近年来修改变动较大,所以迄今为止尚未看到这方面的系统性研究成果。为了加快美军战略规划系统研究,我们自 2016 年起组织专项课题组,对美军战略规划系统特别是联合能力集成与开发系统(JCIDS),规划、计划、预算与执行系统(PPBE)和国防采办系统(DAS)进行了较为集中的研究,现在呈现在读者面前的就是这些方面的研究成果,并作为我们所编写的《战略经济与安全系列丛书》之"战略规划系统系列"正式出版。他山之石,可以攻玉,我们希望这个系列的出版,对推进我国在此领域的教学、研究和实践能不无裨益。

陈　波/江南考察途中
2021 年 5 月 5 日

目 录

第一章 绪 论 …………………………………………（ 1 ）
 一、国防预算 ………………………………………（ 1 ）
 二、国防资源配置 …………………………………（ 2 ）
 三、内容结构 ………………………………………（ 2 ）
 四、致谢 ……………………………………………（ 3 ）

第二章 国防决策支持系统 …………………………（ 5 ）
 一、系统组成 ………………………………………（ 5 ）
 二、系统关系 ………………………………………（ 9 ）
 三、PPBE 作用 ……………………………………（ 14 ）

第三章 历史演变 ……………………………………（ 17 ）
 一、联邦预算 ………………………………………（ 17 ）
 二、发展演变 ………………………………………（ 20 ）
 三、重大改革 ………………………………………（ 26 ）
 四、最新发展 ………………………………………（ 30 ）

第四章 参与机构 ……………………………………（ 41 ）
 一、国会 ……………………………………………（ 41 ）
 二、总统 ……………………………………………（ 45 ）
 三、国防部 …………………………………………（ 46 ）
 四、参谋长联席会议 ………………………………（ 51 ）
 五、军种部门 ………………………………………（ 54 ）

六、作战司令 ………………………………………………（ 55 ）

第五章　运行阶段 ………………………………………（ 57 ）
　　一、规划阶段 ………………………………………………（ 57 ）
　　二、计划阶段 ………………………………………………（ 66 ）
　　三、预算阶段 ………………………………………………（ 73 ）
　　四、执行阶段 ………………………………………………（ 78 ）

第六章　系统流程 ………………………………………（ 82 ）
　　一、参与者流程 ……………………………………………（ 82 ）
　　二、年度流程 ………………………………………………（ 88 ）
　　三、多年期流程 ……………………………………………（ 90 ）

第七章　军种案例：海军 ………………………………（ 95 ）
　　一、海军相关机构 …………………………………………（ 95 ）
　　二、规划阶段 ………………………………………………（ 97 ）
　　三、计划阶段 ………………………………………………（ 99 ）
　　四、预算阶段 ………………………………………………（103）
　　五、执行阶段 ………………………………………………（105）

参考文献 …………………………………………………（106）

图目录

图 2-1	美国国防决策支持系统	（5）
图 2-2	联合能力集成与开发系统过程	（7）
图 2-3	国防采办系统流程	（9）
图 2-4	国防决策支持系统的相互关系	（13）
图 2-5	PPBE 系统与其他两个系统关系	（15）
图 3-1	2003 年 PPBE 四年循环日历	（29）
图 3-2	计划审查和预算审查程序变化	（32）
图 4-1	国会国防预算过程	（42）
图 4-2	国会审查流程	（44）
图 4-3	美国国家安全组织	（45）
图 4-4	美国国防部组织结构图	（47）
图 4-5	国防部评估、决策组织	（49）
图 4-6	参联会主席参与 PPBE 过程	（53）
图 4-7	联合参谋部组织	（54）
图 5-1	规划阶段文件	（58）
图 5-2	联合战略规划系统与 PPBE 的关系	（61）
图 5-3	联合作战能力域、主办方、参与方	（63）
图 5-4	规划阶段	（66）
图 5-5	计划阶段流程	（68）
图 5-6	计划审查	（69）
图 5-7	PPBE 计划阶段重要文件	（71）
图 5-8	预算阶段	（74）
图 5-9	预算审查	（77）
图 6-1	国防预算过程	（83）
图 6-2	国会预算法案发布日程表	（84）

图 6-3　行政机构预算进程 …………………………………（85）
图 6-4　预算时限 ……………………………………………（87）
图 6-5　年度 PPBE 流程中的日历驱动 ……………………（88）
图 6-6　PPBE 循环 ……………………………………………（90）
图 6-7　陆军计划和预算时间轴线 …………………………（92）
图 6-8　未来年度防务计划 …………………………………（93）
图 7-1　海军作战需求与计划局（N7）……………………（95）
图 7-2　海军资源需求与评估局（N8）……………………（96）
图 7-3　海军集成作战架构 …………………………………（98）
图 7-4　海军计划审查过程 …………………………………（100）
图 7-5　海军 PPBE 年度流程 ………………………………（101）
图 7-6　海军部 PPBE 多年期流程 …………………………（103）
图 7-7　海军预算过程 ………………………………………（104）

表目录

表 2-1　PPBE 主要要素 …………………………………………（ 8 ）
表 2-2　国防决策支持系统比较 …………………………………（ 10 ）
表 3-1　PPBE 的主要发展演变 …………………………………（ 24 ）
表 3-2　2003 年 PPBE 系统周期 …………………………………（ 28 ）
表 4-1　国防部长办公厅参与 PPBE 的机构及职责 ……………（ 48 ）
表 5-1　2017—2021 财年国防计划和预算概算及审查日程表 …（ 76 ）
表 5-2　重新规划示例 ……………………………………………（ 80 ）
表 6-1　主要军力计划 ……………………………………………（ 94 ）

第一章 绪 论

规划、计划、预算与执行系统（PPBE）是美国国防预算决策的重要工具，也是美国国防部资源配置和管理国防采办的三大决策支持系统之一，在美国国防部的战略规划、项目开发、资源分配与监管过程中都起着重要作用。

一、国防预算

国防预算是经国家批准的在一定时期（如一年）用于国防的经费开支计划，国防预算是国家预算的重要组成部分。

国防预算反映一个国家的国防政策和军事战略，反映国防建设的规模和速度。国防预算在不同性质的国家里，反映不同的经济、政治关系，国防预算的目的是保障武装力量活动，武器装备研制、生产和采购，以及国防基本建设等各方面的经费需要。国家对国防的拨款是无偿供给的，所获得的是一定的军事实力和国家安全保障，而不是直接的经济上的收益。国防预算既是反映国防建设各项事业的内容、规模和发展速度的综合性计划，也是控制国防建设和武装力量发展规模及其内部各种比例关系，保证国防建设按照既定目标发展的重要手段。

美国国防预算是一个由规划、计划引导资源配置制定而成的复杂系统，具有多阶段、多主体、多年度、自下而上、全面参与的特征。当前美国国防预算编制总体上包括了总统预算过程和国会预算过程两个主要过程，分别领导着行政体系与立法体系中参与决策的相关机构。国防预算整体编制按照"规划（planning）→计划（programming）→预算（budgeting）→执行（exeution)"的流程，即所谓的 PPBE[①] 的制度来实施。

二、国防资源配置

国防资源配置是个从战略到资源的配置过程，是国家为了安全和战争的需要，对国防资源进行的安排和分配。国防资源配置是国防建设的前提和重要环节，由资源量、社会生产方式的性质和军事需求等因素决定。国防资源配置是为了满足军事需求，因此，军事需求量和需求结构直接影响着国防资源分配。现代日趋复杂的国防经济结构和武器装备结构，对国防资源配置提出了新的更高的要求。

国防资源配置主要通过国防预算来实现，但国防资源配置之前的规划和计划也是重要的，国防资源配置后的执行也是必要的。规划是用于确定国防资源配置的目标，计划是资源配置规划目标的分解过程，预算是资源配置的详细的支出计划，执行则是国防计划实施和国防经费运作过程。依据系统论，国防资源配置作为一个整体系统运行，其规划、计划、预算与执行子系统之间衔接对国防资源配置运行是非常关键的。

美国国防部认为，PPBE 的目标是给作战指挥官提供最适合部队的武器装备组合，并给予一定的财政支持，该系统制定所有的国防部预算包括采办预算，所以 PPBE 又被称为国防资源分配或预算系统。

三、内容结构

本书以 PPBE 为研究对象，重点对美国国防资源配置的规划、计划、预算与执行过程进行记叙，包括系统功能、历史演变、运行过程和应用实践。全书共分九章，主要结构和内容安排如下：

第一章 绪论。简单给出和 PPBE 有关的国防预算、国防资源配置的概念

[①] 鉴于 PPBE，即规划、计划、预算与执行系统已经基本上是学术界一个为人所共知的叫法，所以为行文方便，本书有时直接将"规划、计划、预算与执行系统"简称 PPBE。

及其 PPBE 间的关系。在此基础上，给出本书的主要结构和内容安排。

第二章　国防决策支持系统。重点介绍美国国防决策支持系统的功能及组成，介绍联合能力集成与开发系统（JCIDS）和规划、计划、预算与执行系统（PPBE）、国防采办系统（DAS）三大国防决策支持系统及其作用。

第三章　历史演变。重点介绍美国 PPBE 的建立、演变及改革趋势。本章从美国联邦政府和国防部两个层面对 PPBE 的发展演变进行考察。

第四章　参与机构。重点介绍 PPBE 不同层级的决策者、管理者及执行者在其中的参与与角色，主要包括国会、总统、国防部、参谋长联席会议、军种部门、作战司令。

第五章　运行阶段。聚焦 PPBE 四个阶段，依序介绍规划阶段、计划阶段、预算阶段、执行阶段的主要目标、过程及各阶段产出的重要文件。

第六章　系统流程。从静态和动态角度概述 PPBE 的基本流程，主要介绍不同层级决策者、决策执行者及管理者在 PPBE 中的参与流程，以及 PPBE 在每年度、多年期循环过程中的基本流程架构。

第七章　军种案例：海军。以海军为基本案例进一步考察 PPBE 从国会、总统、国防部到军种应用的全过程。本章从支持海军 PPBE 的组织机构开始，然后分析海军规划、计划、预算与执行四个阶段的具体运行过程。

四、致谢

国防支出是国家公共支出的主要组成部分，在一国政府支出中都占有非常重要的比重。如何配置国防资源，国防资源配置效率的高低直接关系到国防安全战略目标能否实现，也影响和决定着整个社会经济资源消耗程度以及国民经济的长远发展。不管在理论界还是实务界，规划、计划、预算与执行系统（PPBE）在国防资源配置和国防预算领域都有非常重要的地位，因此从走入国防经济学界起，我们就准备出版一本系统介绍 PPBE 的书，然而想是一回事，真正能做成又是一回事。

研究过程既是一个面对困难不断探寻和化解的过程，也是一个发现困难和迎接挑战的过程。一方面，PPBE 领域的系统研究非常缺乏。国内确实很早就注意到了 PPBE，但对 PPBE 的研究都还比较零散，也缺乏系统性，难以系统理解 PPBE 的全貌。即便国外乃至美国，由于 PPBE 的复杂性，能看到许多对 PPBE 的介绍和评论，但对 PPBE 的系统研究也同样贫乏。而且由于 PPBE 不断的发展演变，能说清 PPBE 前因后果的文献也一样缺乏。另一方面，PPBE 研究的交叉性极强。PPBE 的系统设计和演进涉及公共管理、财政管理、企业战略、公共政策、公共支出及财务管理等多个领域，如何系统理解并选择合适的切入点也不是一件容易的事。面对系统的复杂性和研究基础之间的差距，在数年的研究过程中我们常常感到挫败、无助，甚至焦虑、徘徊，导致我们的出版计划一拖再拖，直到今天。

事实上，在做 PPBE 研究时，越来越觉得要说清楚 PPBE，需要对美军战略规划的总体机制和制度安排有更广义的了解，于是美军战略规划系统进入了我们的研究视野。美国战略规划系统主要包括联合能力集成与开发系统（JCIDS）和规划、计划、预算与执行系统（PPBE）、国防采办系统（DAS），美军战略规划系统为美国国防部所有规划提供战略基础，该系统负责评估、确定军事需求，整合了国家军事战略、匹配国防资源、提供实现战略目标的预算，并基于战略和预算完成采购，有效实现了其决策支持。因此，我们在若干年前就组织项目研究团队，对该系统进行了较为深入的挖掘和跟踪研究工作。然而没想到的是我们提前出版了 JCIDS、DAS 研究，最早筹备出版的 PPBE 反倒成了最后出版的系统研究，这也间接地从另一个方面说明了 PPBE 研究的复杂性和艰巨性。

知易行难，从有这样一个想法到把它真正做出来，时间已过去数年，时光荏苒，但豪情永在，我们感谢参研团队在这无数个平常日子里的坚守、付出和分享。感谢研究过程中程曼莉博士、杨晓昕博士、郝有香博士、刘韵琦博士的无数次讨论，感谢北京市高精尖学科和中央财经大学国防经济与管理研究院的长期项目支持，感谢中国财政经济出版社卢关平编辑在系列丛书出版和编写中长期给予的友好合作和辛勤编辑！

第二章　国防决策支持系统

美国国防决策支持系统主要由三个支柱系统组成，分别用于确定能力需求、采办过程监督并为其他国防活动提供资源保障。

一、系统组成

美国国防决策的三个支柱系统分别为：联合能力集成与开发系统（joint capabilities integration and development system，JCIDS），规划、计划、预算与执行系统（planning programming budgeting and execution system，PPBE），国防采办系统（defense acquisition system，DAS）。可以用一个文氏图表示这三个系统的关系（见图2-1），图示表示了这三个系统之间相互交叉和影响，也体现了在整个项目的采办生命周期中需求、资源和采办之间的相互协调。

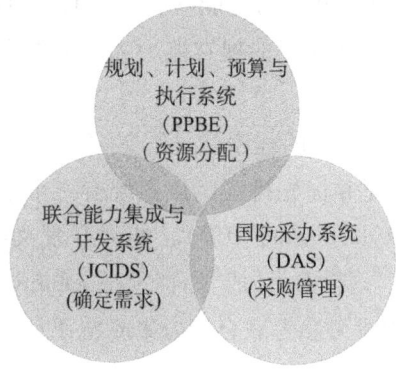

图2-1　美国国防决策支持系统

资料来源：McGarry B. W., *DOD Planning, Programming, Budgeting, and Execution (PPBE): Overview and Selected Issues for Congress*. Library of Congress, Congressional Research SVC, 2022: 7.

联合能力集成与开发系统（JCIDS）主要用于识别和确认军事能力需求及能力差距，规划、计划、预算与执行系统（PPBE）为国防部活动提供装备、人力和资金的资源优化分配和保障过程，采办系统（DAS）则基于确认能力需求并把需求转变为实际物资解决方案。从广义的采办活动整体看，这三个相互交叉的系统组成美国国防采办决策系统，也称为"大 A"采办系统。从狭义讲，采办系统则只指美国国防采办系统（DAS），也称作"小 A"采办系统。

（一）联合能力集成与开发系统

联合能力集成与开发系统给美军联合需求监督委员会（JROC）和参谋长联席会议主席（CJCS）履行职责提供保障，它是用来识别、评估、确认联合军事能力需求并排序的系统方法。该系统提供了一个透明过程，使联合需求监督委员会能够平衡各个联合部队，并根据能力需求确认和优先次序作出明智决定。美国参联会主席指令第 5123.01 号（CJCS 5123.01，2015 年 2 月 12 日发布）[1] 中发布了联合需求监督委员会的角色和职责，而参联会主席指令第 3170.01 号（CJCS3170.01，2015 年 1 月 23 日发布）[2] 描述了联合能力集成与开发系统，以及联合能力集成与开发系统操作手册（通常称为 JCIDS 手册，细化了需求过程的策略和过程）。近些年，这些指令虽然有更新和修改，但大体保持了最初的设计思路。

联合能力集成与开发系统支持美国参联会主席和联合需求监督委员会为国防部长（SECDEF）提供关于识别、评估和确定联合军事能力需求的优先次序。美军认为该系统使联合武装力量能够满足短期、中期和长期的军事挑战。联合能力集成与开发系统过程评估现有能力和预期能力，以满足其对未来联合概念和作战需求的贡献。

联合能力集成与开发系统的程序（见图 2-2）主要是对联合军事需求能力进行确认、评估、论证并优先排序，该系统有三个重要文档，即初始能力文档（initial capabilities document, ICD）、能力开发文档（capability development document, CDD）、能力生成文档（capability production document, CPD），其具体过程和内容可参考联合能力集成与开发系统指导手册。

---

[1] CJCSI 5123.01G, *Harter of the Joint Requirements Oversight Council* （JROC），12 February 2015.
[2] CJCSI 3170.01I, *Joint Capabilities Integration and Development System* （JCIDS），23 January 2015.

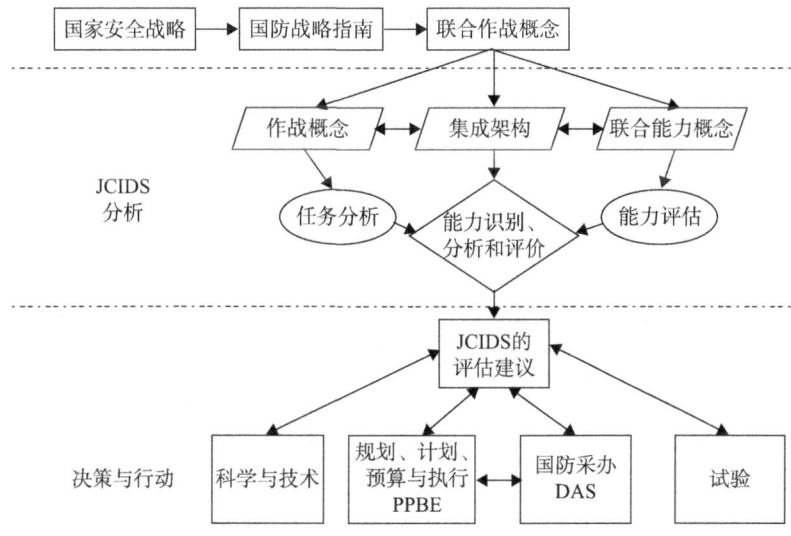

图 2-2 联合能力集成与开发系统过程

资料来源：Bowman K., *Introduction to the Joint Capabilities Integration and Development System* (JCIDS). Power Point Presentation. Defense Acquisition University, 2003.

（二）规划、计划、预算与执行系统（PPBE）

按照美国国防部的正式说法，规划、计划、预算与执行系统（PPBE）是"国防部在四年规划周期内的年度资源分配过程"[①]。国防部并未提及建立PPBE流程的法定基础，相反，PPBE流程主要是作为行政决策和实践的产物出现的。随着时间的推移，美国国会已经在《美国法典》第十篇多项条款中包括了PPBE过程、系统或其要素，大多与高级部门官员的职责有关。

PPBE是美国国防部文职和军职领导人用以分配资源和管理国防采购的三个主要决策支持系统之一。美国《国防财务管理条例》（FMR）将PPBE界定为包含四个不同但相互关联阶段的循环过程：规划、计划、预算和执行。除为未来计划的决策制定建立框架和流程外，该流程还允许从当前环境（威胁、政治、经济、技术和资源）的角度对之前的决策进行检查和分析。PPBE的最终目标是为作战指挥官提供在财政限制范围内可获得的最佳兵力、装备和支

[①] DOD，DODD 7045.14，*The Planning, Programming, Budgeting, and Execution (PPBE) Process*，August 29, 2017, at https://www.esd.whs.mil/Portals/54/Documents/DD/issuances/dodd/704514p.pdf.

援组合①。

PPBE 每个阶段详细的描述会在书中后续章节中详细进行介绍，其大致要素见表 2-1。

表 2-1　　　　　　　　　　PPBE 主要要素

阶段	描述	领导者	产出
规划	审查战略指导评估威胁； 评估军事演习收获； 识别能力差距和风险	负责政策的国防部副部长	主席计划建议（CPR） 防务规划指南（DPG） 财政指南（FG）
计划	将规划决策转化为项目和资源需求； 考虑项目备选方案； 为部队、人员、资金制定五年规划	成本分析与计划评估局局长（CAPE）	计划目标备忘录（POM） 资源管理决策（RMDs） 未来年度防务计划（FYDP）更新
预算	审查预算理由； 考虑备选资金来源； 准备预算提交	国防部副部长（主计长）	预算概算（BES） 未来年度防务计划更新 总统预算请求中的国防部部分
执行	根据计划绩效评估输出，必要时调整资源	多重：国防部副部长（主计长）和国防财务局长	评估（OSD 和 DOD 部门内审） 重新规划行动和调整

资料来源：McGarry B W., *DOD Planning, Programming, Budgeting, and Execution (PPBE): Overview and SelectedIssues for Congress*. Library of Congress, Congressional Research SVC, 2022：8.

（三）国防采办系统（DAS）

国防采办系统（DAS）是国防部门获得武器系统、自动信息系统和服务的管理过程。虽然该系统是基于集中的政策和原则，但它允许分散和简便地执行采办活动。这种方法提供灵活性，鼓励创新，同时严格强调纪律和问责制。

国防采办系统对已确定并论证后的能力需求进行处理，把这些需求转化为实际的物资性能力解决方案。国防采办系统主要由五个采办阶段和三个里

---

① DOD, *Financial Management Regulation*, DoD 7000.14-R, Glossary, p. G-28, at https://comptroller.defense.gov/Portals/45/documents/fmr/current/glossary.pdf. The reference to quadrennial aligns with a previous document called the Quadrennial Defense Review (QDR), DOD study conducted every four years that was replaced by the National Defense Strategy (NDS).

程碑决策点（A，B，C）组成（见图2-3），这五个阶段是装备解决方案分析阶段（MSA）、技术成熟与风险降低阶段（TMRR）、工程与制造开发阶段（EMD）、生产与部署阶段（P&D）、运行与保障阶段（O&S）①。在里程碑A，里程碑决策负责人决定最初的构想是否值得进一步研究。在第一阶段装备解决方案分析阶段（MSA）开始界定这种想法。计划管理者（项目经理）必须考虑费用、进度、性能、安全、技术保护、作战保障和基础设施等需求参数，并制定采办、测试和评估策略。下个里程碑B，表明作出了实施采办计划的决策。在获得资金支持后，采办计划进入其余阶段和里程碑C，通过这些里程碑和采办阶段，采办计划会逐步发展成作战计划。

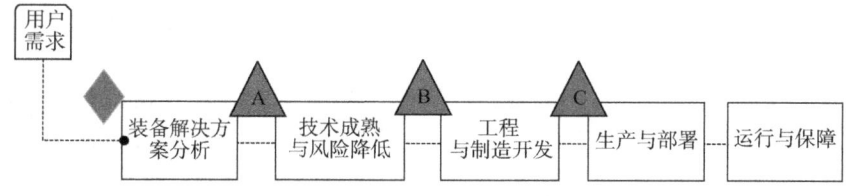

图2-3　国防采办系统流程

资料来源：Blickstein I, Yurchak J M, Martin B, et al.，*Navy planning, programming, budgeting, and execution: A reference guide for senior leaders, managers, and action officers.* RAND National Defense Research Institute Santa Monica United States, 2016: p6.

三大国防决策支持系统为美军战略规划、军事能力需求的确定、系统采办、计划和预算的发展提供了综合方法。需求过程是个基于能力差距的过程，规划、计划、预算和执行则是个预算和基于时间的过程，而采办系统是个基于事件的过程。因此，采办管理者需要通过对与采办计划相关的每个决策系统的状态保持密切关注，才能确保需求、预算和执行的协同。

二、系统关系

国防决策支持系统的三个支柱紧密结合，并在充分合作和密切协调的情

---

① DoD Directive 5000.02, *Operation of the Defense Acquisition System*, January 7, 2015, Incorporating Change 3, August 10, 2017.

况下同时运作。美国国防部在运作过程中，也对这三个系统不断进行调整、优化。如在需求方面，调整关键性能参数（KPPs）或关键系统属性（KSAs），以适应技术和财政现实。国防部层面参与这三个过程的负责人以及国防部内部机构管理者，要紧密合作以适应变化的环境，并尽早识别和解决问题。通过表2-2，可对这三大系统的适用规章、参与方、评估方、决策和关注重点有一个相对全面的了解。

表2-2　　　　　　　国防决策支持系统比较

	联合能力集成与开发系统（JCIDS）	规划、计划、预算与执行系统（PPBE）	国防采办系统（DAS）	
适用规章	需求管理 参联会主席指令第3170.01 JCIDS手册	资源管理 国防部指令第7045.14号	项目管理 国防部指令第5000.02号	合同管理 联邦采购法规（FAR），国防联邦采购法规补充（DFARS）
参与方	用户，各军种参谋长，参联会副主席，联合需求监督委员会	计划执行主管（PEO），各军种部长，国防部长办公厅，行政管理与预算局，国会	计划执行主管（PEO）/组件采购执行官（CAE）/国防采购主管（DAE）	采办合同官（PCO）/合同项目主管（HCA）/高级采办主管（SPE）/国防部合同管理机构（DCMA）
评估方	联合需求监督委员会	副部长管理行动小组（SWAG）	里程碑	业务许可
决策	能力需求	资金/资源	下阶段	合同
关注	威胁/能力	年度资金和未来年防务计划	系统生命周期，研发/生产/运行与维护	合同绩效

资料来源：DOD, Chapter 1 Program Management, in *The Defense Acquisition Guidebook*. June 2017.

（一）联合能力集成与开发系统和国防采办系统

联合能力集成与开发系统早期与国防采办系统都来自国防部指令第5000.01号[1]。该系统采用以能力为基础的方法，利用政府机构、行业和学术界的专业知识，鼓励运营商和供应商在流程的早期进行协作。在联合能力集

---

[1] DoD Directive 5000.01, *The Defense Acquisition System*, May 12, 2003.

成与开发系统过程中，作战开发人员和装备开发人员必须协作，以确保需求文档开发稳定、技术上可行，并可以负担得起。联合能力集成与开发系统定义了可互操作、共同的能力，以满足未来的需求。然后，国防部采购组织为联合作战人员提供了技术上可靠、可持续、可负担的"装备解决方案"。

联合能力集成与开发系统文档与国防采办系统的五个阶段紧密联系。如图 2-4 所示，能力需求文件经确认的能力需求（ICD）和装备能力解决方案（MSA）的采办这两者过程提供了关键联系。每个采购阶段工作都会促使能力需求进一步精炼从而提交至合适确认机构，该过程产生的额外、提炼过后的需求文件会重新进入联合能力集成与开发系统进行会签和确认。

联合能力集成与开发系统分析将能力需求与当前和已计划的军事能力进行比较，以确定是否存在任何能力差距，显示目前是否存在不可接受的风险水平，并保证开发能力解决方案以减轻或消除能力方面的差距。国防部可以使用装备解决方案，或非装备解决方案来解决这些差距，非装备的解决方案包括"条令、组织、训练、装备、领导、教育、人事、设施和政策"（DOTM-LPF–P）等①，这种非装备解决方案需要国防部多个部门间的合作。

- 初始能力文档（ICD）会记录联合能力集成与开发系统的分析结果（通常基于能力评估或其他研究）。初始能力文档还可建议使用装备方案或装备+非装备的组合方案来解决部分或全部能力差距。经过验证的初始能力文档是每次装备开放决策（MDD）所必需的准入标准。

- 备选方案（AoA）分析结果后告知拟定能力开发文档（CDD）形成过程，支持里程碑 A 和需求建议（request for proposal，RFP）、技术成熟与风险降低阶段（TMRR）合同。该能力开发文档（CDD）草案包含性能属性，包括关键性能参数（KPPs）、关键系统属性（KSA）和额外性能贡献（APAs），这些属性反映里程碑 A 选定解决方案的能力需求。在技术成熟与风险降低阶段（TMRR）末，原型和其他活动（适当时包括备选方案更新），提供信息来更新能力开发文档（CDD）草案，最终使确认的能力开发文档早于需求建议决定形成之前。该验证过的能力开发文档反过来又会影响工程与制造开发阶段（EMD）的需求建议。此外，来自该验证的能力开发文档关键性能属性

---

① DOTMLPF–P, Doctrine, Organization, Training, Materiel, Leadership, Policy and Education, Personnel, Facilities, and Policy 分别是指作战条令、组织、训练、装备、领导和教育、人事、设施和政策。

（KPPs）将逐字插入到在里程碑 B 阶段里程碑负责人批准的文件中。

● 验证能力开发文档（CDD）而后驱动工程与制造开发阶段（EMD）活动。在系统级关键设计评审（CDR）后，该能力开发文档（CDD）更新内容，制定能力生产文档（CPD），该文档在里程碑 C 之前是要验证的。

另外，从这两个系统的参与者角度，以国防部层级来看，国防部负责采办、计划和后勤的副部长（USD（AT&L））是国防采办系统国防采办委员会（DAB）主席和所有大规模采购计划里程碑审查的官方负责人，他还有权力在任何时间要求联合需求监督委员会（JROC）审查计划，这样他在两个系统之间都具有很大发言权，这便于这两个系统的互动和协调（见图 2-4）[1]。

（二）规划、计划、预算与执行系统和国防采办系统

从两个系统的参与者角度看，这两个系统的管理者或参与者有些是交叉或一样的。国防部常务副部长是高级领导审查小组（senior leader review group，SLRG）的主席，该高级领导审查小组既是负责审查规划、计划、预算与执行系统计划和预算审查的决策机构，也是国防采办系统项目采办中里程碑评审的重要成员。这种机构的设置也是为了促进这些决策管理系统之间的互动和协调。在各军种部层面，同样存在两个系统的互动过程。如海军部在《计划目标备忘录》和预算的制定或审查期间，在海军部作战需求与计划局（N7）需求分析的官员，资源需求与评估局（N8）的财务管理和分析师，各自独立开展自己活动、方案和方案分析。但在这样做的过程中，他们使用的场景、模拟和模型，与国防部联合能力集成与开发系统、联合参谋部及其他军种部门使用的都是一样的。

两个系统的链接还是基于计划（program）的成本数据，无论是预算阶段还是采购过程都离不开计划成本分析。如海军预算办公室对计划或提议的个别预算如有疑问，肯定会在采购系统的评审决策中提出意见并反馈。海军部无论是作战需求与计划局（N7）还是资源需求与评估局（N8）都会监督整个计划或项目的采办过程。

---

[1] DOD，Chapter 1 Program Management，*in The Defense Acquisition Guidebook*. June 2017.

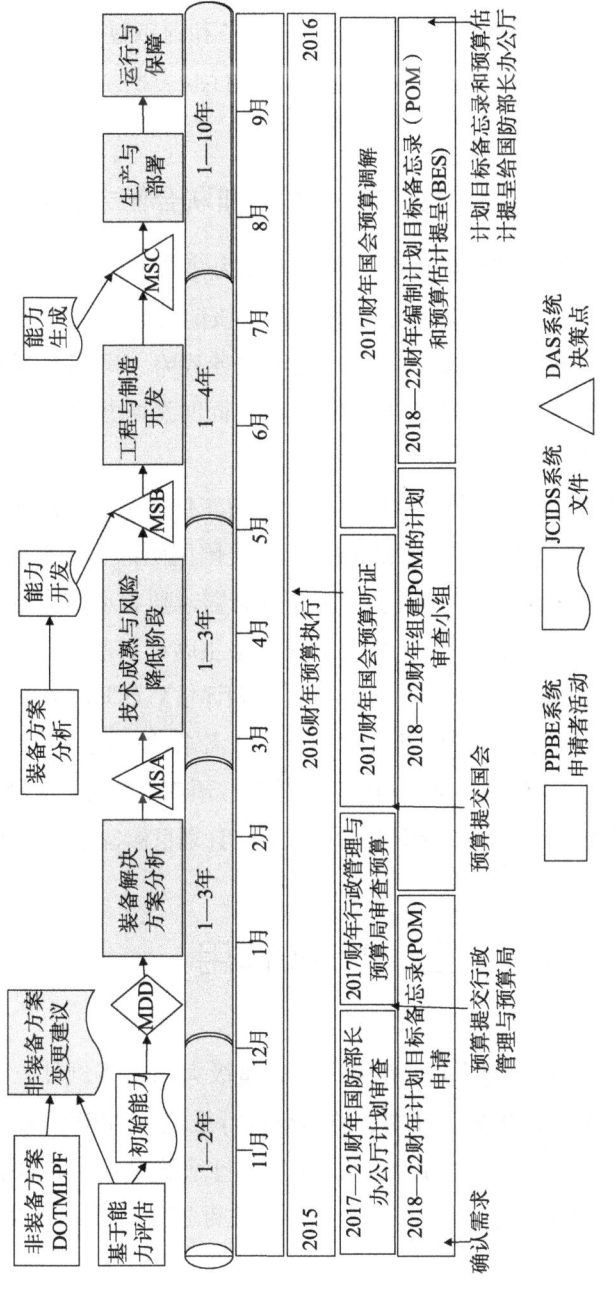

图 2-4 国防决策支持系统的相互关系

资料来源：Defense Acquisition University, *Defense Acquisition Guidebook* (DAG). [2018-05-20] https://dag.dau.mil/tools/dag.

规划、计划、预算和执行系统运行过程中，从《战略规划指南》（SPG）的威胁评估到《联合规划指南》（JPG）的联合能力规划，再到利用《计划目标备忘录》（POM）建立并进入到年度预算准备和评审过程，最后预算执行，整个过程都影响国防采办系统的项目是否能执行或完成采办，能否最终实现所需能力[1]。

（三）规划、计划、预算与执行系统和联合能力集成与开发系统

在规划、计划、预算与执行系统和联合能力集成与开发系统之间连接点是联合能力集成与开发系统的基于能力评估。该能力评估会受到高级别战略指南文件的影响，包括国家安全战略、国家防务战略、国家军事战略、国防部防务规划指南（DPG），当然这些战略指南也同时影响规划、计划、预算和执行系统规划阶段及计划的制定。

任务需求是通过持续评估确认的。面对不断变化的威胁，国家安全政策和国家军事战略必须考虑现有的与预期的能力。美国国防部、各军种、各作战司令和联合参谋部都参与实施这些评估。但是联合需求监督委员会主要负责监督联合能力集成与开发系统，并协助准备《参联会主席计划建议书》（Chairman's Program Recommendation，CPR）和《参联会计划评估》（Chairman's Program Assessment，CPA），这两个文件中都有对联合部队需求的确认、需求优先顺序及需求差距等，通过这两份文件又影响规划、计划、预算与执行系统规划阶段重要成果《防务规划指南》（DPG）和计划阶段成果《计划目标备忘录》（POM）。

三、PPBE 作用

国防资源的稀缺性在即便如美国这样的超级大国也不例外，在当前资源约束日益严峻形势下，规划、计划、预算与执行系统（PPBE）在这三个系统中的地位越来越重要，规划、计划、预算与执行系统是使多种联合能力集成与开发系统和国防采办系统获得拨款支持的关键过程。当然如果只凭规划、

---

[1] Jones, L. R. J. L., Defense Acquisition and Budgeting: Investigating the Adequacy of Linkage Between Systems. *International Public Management Review*, 2005. Volume 6, (Issue 2): p. 98–100.

计划、预算与执行系统并不能确保有效完成需求开发或国防采办流程，但如果规划、计划、预算与执行流程出现偏差，却足以导致各类资源无法获得资助需求计划或不能高效经济地实施采办项目。

规划、计划、预算与执行系统是由时间驱动的，而且大多数遵循联邦预算程序的进度。年度预算周期影响了规划、计划、预算与执行系统中大部分文件与事件进度，这些文件与事件反过来又影响联合能力集成与开发系统的部分文件与事件的进度。采办程序与这个资源分配过程的各部分密切相关，主要有赖规划、计划、预算与执行系统及联邦预算程序间相互作用产生的资金供应，同时还在各采办阶段（每个阶段可能仅需要预算周期的一部分或几个周期）继续进行下去。

规划、计划、预算与执行系统的目的当然不仅是满足特定采办计划的需求，而且采办计划需求都是经联合能力集成与开发系统识别和确认的需求。需求过程（JCIDS）有助于决定采购什么及为什么采购，而资源管理（PPBE）决定能生产出的数量，采办决策（DAS）形成实际上如何发展这些能力。规划、计划、预算与执行系统主要为其他两个系统提供资源保障。如图2-5所示，从联合能力集成与开发系统确认能力需求开始，联合能力集成与开发系统和国防采办系统之间就是交互进行的过程。在国防采办过程的里程碑决策

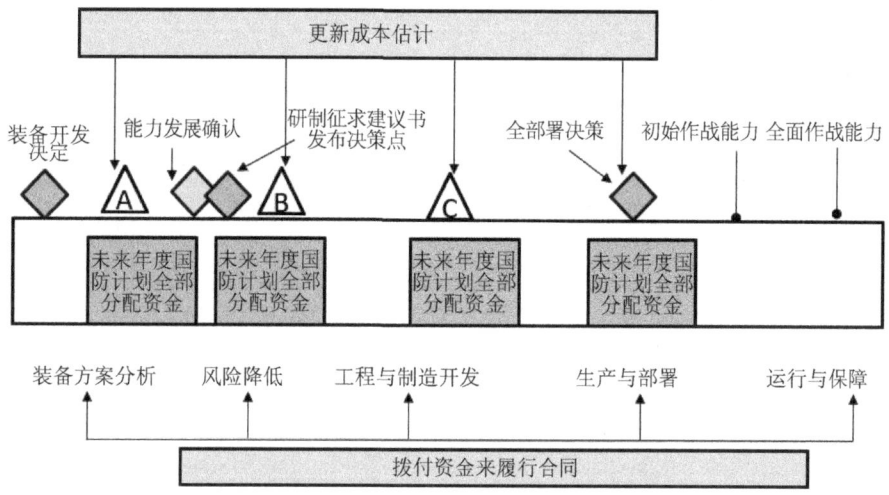

图2-5　PPBE系统与其他两个系统关系

资料来源：William R. Fast., Department of Defense Management of Unobligated Funds for Acquisition Programs, *Department of Defense Management of Unobligated Funds for Acquisition Programs.* Naval Postgraduate School, Monterey, CA, 93943. MAY 2015.

点（A，B，C）作出实施计划决策时，不仅要权衡成本、资源，更重要的是要看资金是否供应或充足供应，这种依据来自规划、计划、预算和执行系统的预算及预算执行阶段，根据资金情况及时更新采办计划的成本。这种更新成本的过程在采办过程的里程碑决策点都是持续存在的。只有了资金供应，采办计划才能进行到其他阶段和里程碑。

第三章 历史演变

国防规模、国防任务和活动的极大差异性,使国防政策的形成、规划和资源管理决策都是一项庞杂而艰巨的任务。规划、计划、预算与执行系统随美国国防系统的特殊需求而产生,并随环境和国防的发展需要而持续演进。

一、联邦预算

PPBE 在美国私营部门和政府都有先例[①]。在私营部门,一些观察家将计划预算的起源追溯到 20 世纪 20 年代美国主要制造公司为提高组织效率所做的努力,如杜邦公司、贝尔实验室、福特汽车公司和通用汽车公司[②]。

PPBE 进入美国联邦政府预算的视角与美国政府重视绩效预算有关。美国政府绩效评价最早开始于 20 世纪初,距今有 100 余年的历史。1906 年,纽约市政研究局首次探索以效率为核心的政府绩效评估方法,通过计算政府活动投入、产出和社会条件来衡量政府工作绩效。但是绩效评价工作并未能大规模实际推进,直到 20 世纪 30 年代,美国田纳西河流域管理局和美国农业部开始采用基于绩效的预算方式来提高部门运作效率。1949 年,美国政府行政部门组织委员会(又称胡佛委员会)建议在政府部门中采用绩效预算进行预算编制,即"基于政府职能、活动和项目情况来设计联邦政府预算"。

---

① Philip J. Candreva, *National Defense Budgeting and Financial Management: Policy and Practice* (Charlotte, NC: Information Age Publishing, 2017), pp. 200-201.

② Jonathan Kraft, *The Evolution of Program Budgeting in the United States Government*, Armed Forces Comptroller, Winter 2009, pp. 40-41.

PPBE：规划、计划、预算与执行系统研究

20世纪60年代，美国约翰逊政府的规划、计划和预算系统（PPBS）开始浮出水面，该系统显然起源于美国国防部。1961年时任美国国防部长罗伯特·麦克纳马拉和国防部助理部长（主计长）查尔斯·希奇在美国国防部推动实施规划、计划和预算系统（PPBS），部分原因是为了集中国防部的预算决策流程[1]。在该系统之前，美国各军种部门在制定预算方面有更大的独立性，麦克纳马拉称这种分散的方法对整个部门的决策有问题。一些人甚至将PPBS出现之前的国防预算描述为"本质上是一种在军种和拨款账户之间分配资金的簿记工具，以及一种限制国防开支的钝化工具"[2]。一些观察家认为，之前做法的另一个问题是政策和资金过程之间的脱节[3]。在其私营部门职业生涯的早期，麦克纳马拉曾使用类似的预算程序来努力提高福特公司的组织效率[4]。而希奇曾在兰德公司领导经济部，他被描述为"PPBS之父"和"系统的设计师"[5]。PPBS的支持者所关注是确定一种程序，使官员能够根据国家安全目标有效地分配资金[6]。据早期实施PPBS的参与者说，这一制度的前提是六个主要思想：根据国家利益作出决策；同时考虑需求和费用；明确考虑替代办法；积极使用分析人员；多年部队和财务计划；公开和明确的分析[7]。为实施PPBS，其创始人创造了以下管理工具：五年防务计划、总统备忘录草案、开发概念文件、准备情况、信息和控制表、系统分析等。

---

[1] William F. West, *Program Budgeting and the Performance Movement：The Elusive Quest for Efficiency in Government* (Washington, DC：Georgetown University Press, 2011), p. 9.

[2] Alain C. Enthoven and K. Wayne Smith, *How Much Is Enough? Shaping the Defense Program, 1961-1969* (Santa Monica, CA：RAND Corporation, 2005, first published 1971 by Harper & Row), p. 11, at https：//www.rand.org/pubs/commercial_books/CB403.html.

[3] John Whitley, *Three Reforms to Improve Defense Resource Management*, IBM Center for the Business of Government, June 9, 2022, p. 11, at https：//www.businessofgovernment.org/sites/default/files/Three%20Reforms%20to%20Improve%20Defense%20Resource%20Management.pdf.

[4] Jerry L. McCaffery and L. R. Jones, *Budgeting and Financial Management for National Defense* (Greenwich, CT：Information Age Publishing, 2004), p. 89.

[5] Alain C. Enthoven and K. Wayne Smith, *How Much Is Enough? Shaping the Defense Program, 1961-1969* (Santa Monica, CA：RAND Corporation, 2005, first published 1971 by Harper & Row), p. 19, at https：//www.rand.org/pubs/commercial_books/CB403.html.

[6] William N. Dunn, *Public Policy Analysis：An Integrated Approach* (New York, NY：Routledge, 2018), p. 39.

[7] Alain C. Enthoven and K. Wayne Smith, *How Much Is Enough? Shaping the Defense Program, 1961-1969* (Santa Monica, CA：RAND Corporation, 2005, first published 1971 by Harper & Row), pp. 32-47, 365-366.

第三章 历史演变

  1965 年，林登·B. 约翰逊总统命令其他联邦机构采用规划、计划和预算系统（PPBS）这样的预算程序①。因此，自 1965 年 PPBS 开始扩展到美国所有联邦机构，旨在通过预算编制手段来加强项目规划和资源配置之间的关联性。然而，实践发现这一程序很难在整个联邦政府内实施，部分原因是它的复杂性、相关性问题，当然也缺乏具有必要技术专业知识的工作人员。1967 年开始美国国会对 PPBS 进行了第一次重大的国会调查②。大约在这个时候，一些学者开始质疑计划预算是否有能力达到预期效果，一位直言不讳的批评者认为，预算就像政治过程一样，每年只会递增变化③。1969 年，在尼克松政府期间，国防部长梅尔文·莱尔德将该系统修改为更分散的方法，指示军种部门在国防部长办公厅（OSD）提供的指导下确定资源需求④。1971 年尼克松政府期间，美国政府行政管理与预算局（OMB）作为简化预算提交要求努力的一部分，成功地撤回了约翰逊总统的政府命令⑤。20 世纪 70 年代，美国联邦政府进一步改革联邦预算方法，卡特政府时引入了"零基预算法"，强调在绩效评价过程中绩效数据使用的重要性，旨在加强计划、预算和支出审查之间的联系，以提高联邦政府效益成本比。而后，国防系统 PPBS 进一步发展为 PPBE，而政府大多数部门却走上了与国防部门预算不同的发展路径。

  尽管从美国联邦政府层面看，目前大多数联邦政府机构放弃了规划、计划和预算系统（PPBS），但一些机构，如美国国土安全部（DHS）、国家航空

---

 ① Allen Schick, "A Death in the Bureaucracy: The Demise of Federal PPB", *Public Administration Review*, vol. 33, no. 2 (Mar. - Apr., 1973), pp. 146 - 156, at https://www.jstor.org/stable/pdf/974211.pdf.

 ② U. S. Congress, Senate Committee on Government Operations, Subcommittee on National Security and International Operations, *Planning Programming Budgeting*, 90th and 91st Congress (1st sess.), March 1970, 42 - 649 O, p. III.

 ③ Robert D. Lee, Jr., Ronald W. Johnson, and Philip G. Joyce, *Public Budgeting Systems*, 10th ed. (Burlington, MA: Jones and Bartlett Learning, 2021), pp. 172 - 173. For examples of such criticism, see Aaron Wildavsky, "Rescuing Policy Analysis from PPBS", *Public Administration Review*, vol. 29, no. 2 (March - April, 1969), pp. 189 - 202, at https://www.jstor.org/stable/973700? seq = 1; and, more recently, William F. West, Program Budgeting and the Performance Movement: The Elusive Quest for Efficiency in Government (Washington, DC: Georgetown University Press, 2011).

 ④ Alain C. Enthoven and K. Wayne Smith, *How Much Is Enough? Shaping the Defense Program*, 1961 -1969 (Santa Monica, CA: RAND Corporation, 2005, first published 1971 by Harper & Row), p. xii, at https://www.rand.org/pubs/commercial_books/CB403.html.

 ⑤ Allen Schick, "A Death in the Bureaucracy: The Demise of Federal PPB", *Public Administration Review*, vol. 33, no. 2 (Mar. - Apr., 1973), pp. 146 - 156, at https://www.jstor.org/stable/pdf/974211.pdf.

航天局（NASA）、国家海洋和大气管理局（NOAA）及情报界机构，目前仍在采用PPBE类似的预算编制程序，部分是为了满足1993年《政府绩效和成果法》及其后修正案（GPRA；第103-62和111-352页）的要求。

二、发展演变

PPBE本质上是美军战略管理的重要手段，随美军战略管理的需求而出现，并随着美军战略理念、战略环境和国防转型的发展而发展。

美国国防部的PPBS自1962年开始，作为时任国防部长罗伯特·麦克纳马拉（Robert McNamara）在国防管理上的创新。在麦克纳马拉之前，各军种部门都在各自军种利益的基础上编制预算，很少有指导。以前的国防部长参与最多的部分是在军种部门之间划分国防部的预算上限。如果这些军种部预算超过了他们的"份额"，国防部长会减少他们的预算，通常是缩减所有拨款的百分比。引入规划、计划和预算系统（PPBS）后改变了这一切，每年一度的上限削减都要给集中10种主要军力计划（MFP）的分析让路，并给涵盖5年计划期的计划予以支持。

尼克松总统时期，其国防部长梅尔文·莱尔德（Melvin Laird）的管理风格强调参与式管理。国防部长办公厅（OSD）不再提出详细的方案建议，而是审查那些各军种提出的问题，主要是提出、利用特定预算上限。

1977年卡特就任美国总统后，其在联邦预算中引入了零基预算，但仅取得了有限的成功，零基预算的目标是更清楚地识别增量项目。针对国防部门决策包将资源分配到三个不同的层次，这给国防部长办公厅更多的机会改变各军种的计划建议，各军种部门都开发了用于分解这些决策包的程序。自那以后，计划开发增量包已经发展成管理决策包（management decision package, MDEP）。1979年受兰德公司研究影响，时任国防部长布朗成立了国防资源委员会（Defense Resource Board, DRB），该机构设立也是为了更有效地管理规划、计划和预算系统，国防资源委员会由国防部长办公厅官员和参谋长联席会议主席（CJCS）组成。

1981年里根总统上台后，里根政府承诺以最有效、最经济的方式重振美国军队。时任国防部常务副部长弗兰克·卡路奇（Frank Carlucci）作为国防资源委员会主席，提出对规划、计划和预算系统实施重大改革，此次改革被称为卡路奇倡议。该倡议强调长期计划，强调将更大权力下放到各军种，更关注节约成本和效率，把国防资源委员会计划的重点再次聚焦在重大问题上，以及整合规划、计划和预算过程的流程进度安排。重组后的国防资源委员会还把军种部长增加为正式成员。此外，这项倡议还提出邀请战区司令在构建国防指南和国防资源委员会的计划审查过程中参与关键的审议工作。

1984年规划、计划和预算系统加强了战区作战司令（Combatant Commanders，CCDR）的作用。时任国防部常务副部长塔夫脱（William Howard Taft）引入提高作战指挥官发言权的程序，主要在《计划目标备忘录》（Program Objective Memorandum，简称POM）的计划方案编制和计划审查过程中发挥作用。这些程序包括：作战指挥官通过综合优先列表（integrated priority lists，IPL）提交有优先次序的需求，在《计划目标备忘录》构建和执行过程中跟踪他们所关注的需求，增加作战指挥官需求在计划目标备忘录中的可见性，增强作战指挥官参与国防资源委员会计划审查，并加强了参谋长联席会议在指挥官审查和协调方面的作用。

1986年规划、计划和预算系统从单年周期改为两年周期（biennial PPBS cycle）。这次变化反应了对国防管理蓝带委员会（Blue Ribbon Commission，即帕卡德委员会）的回应，同时也是对1986年国防授权法案（P. L. 99145）的响应。里根总统颁布了国家安全决策指令第219号（National Security Decision Directive 219），行政管理与预算局（OMB）以及国防部从1988财年和1989财年开始进行两年期的预算①。国防部长办公厅和军种部门执行了两年循环的规划、计划和预算系统过程，这其中主要变化两点：一是规划、计划和预算时间框架的变化。时间框架的变化使国防部管理周期增加了一年。过去主要以每年重复的四年周期，现在是五年周期。尽管实际预算期间延长了额外的一年，但两年期制度的实施为PPBS所有阶段提供了更多时间。二是将财政考量纳入国防政策形成的初始阶段。然而，在实践中，美国国会仍按每年度预

---

① 两年期预算作为一个概念有许多形式，可能包括两年期预算决议、两年期拨款的要求，也影响与收入和支出有关的其他类型立法的审议时间。理论上两年期预算将国防部的年度授权和拨款延长至每两年一次。实践中国会拨款委员会抵制两年期预算实施，因此国会对国防预算拨款仍是单年度一次。参考Thomas E. Mann, "Biennial Budgeting: A Tool for Improving Governmental Fiscal Management and Oversight", *Testimony before the Committee on Rules*, U. S. House of Representatives, March 16, 2000.

算授权和预算拨款，允许对剩余的五年《计划目标备忘录》和第二个预算年度进行非预算循环年更新。

1987年战区作战司令（Combatant Command，CCMD）进一步参与到规划、计划和预算系统预算阶段。国防资源委员会早期决定已允许战区作战司令在PPBS规划和计划阶段发挥作用的基础上，1987年10月国防资源委员会把作战指挥官的作用延伸至预算审查和执行阶段。

1989年老布什总统上台后，在国防部缩减规模的早期阶段，老布什创立了一系列的国防管理评审决策。在另一个倡议中，时任国防部长切尼（Cheney）修改了规划、计划、预算系统（PPBS）的决策框架，包括修改了国防部长办公厅核心小组的结构，这是他过去曾用来帮助管理国防部的机构。

1993年开始，在克林顿政府之下美国国防部裁员继续，最初由国防部长莱斯·阿斯平（Les Aspin）指导自下而上的审查，后来形成国防绩效审查（Defense Performance Review）、武装部队任务和职能委员会（Commission on Roles and Missions of the Armed Forces）、1997年《四年防务审查》（Quadrennial Defense Review，QDR）。克林顿政府延续了布什政府规划、计划、预算系统（PPBS）的框架，使用国防部计划管理者的核心小组和几个审查论坛，包括由行政组织扩展的计划审查小组（Program Review Group，PRG）。

2001年小布什总统宣誓就职后，强调国防转型是其早期几个月的标志。在总统任内，美国国防支出明显增加，这不仅因为反恐战争的额外费用，而且还因为20世纪90年代的采购高峰期结束和转型的需要。在实施过程中，国防部引入了更紧凑的计划和预算关联，要求各机构准备合并《计划目标备忘录》、《预算概算》（POM/BES），然后国防部长办公厅实行并行计划和预算审查。另项倡议设立高级执行委员会（Senior Executive Council，SEC）为国防部长应用合理商业实践提供帮助。国防部长是该委员会主席，成员包括国防部常务副部长，负责采购、技术和后勤的国防部副部长和陆军、海军和空军部的部长。

2003年5月22日小布什时期，管理倡议第913号（Management Initiative Decision 913）决定取消迷你型《计划目标备忘录》（Mini-POM）和调整《预算概算》年度，并把他们分别替换为《计划变更建议》（Program Change Proposals，PCPs）和《预算变更建议》（Budget Change Proposals，BCPs）。2003年10月31日，国防部长同意了联合防务能力研究（即奥尔德里奇委员会（Aldridge））的建议并指导取消《国防规划指南》（Defense Planning Guidance，DPG），将其替换为国防部长的《战略规划指南》（Strategic Planning Guidance，SPG）和《联合规划指南》（Joint Programming Guidance，JPG）。国防部长将增强规划过程（Enhanced Planning Process，EPP）①作为联合的基于能力的论坛，用来分析国防部长确定的问题，形成替代解决方案来解决问题，并确定与每个替代方案相关的联合含义。随着改革持续，拉姆斯菲尔德（Rumsfeld）任国防部长时期把PPBS更名为PPBE，增加了"执行"阶段。系统更加强调预算授权的拨款更及时，同时也对国防部承诺授权的行动计划和实际完成情况进行比较分析，执行审查过程也促进国防部更好准备《年度绩效报告》（Annual Performance Report，APR）。在此期间，流程更改仍在继续。主要包括通过提高《综合项目优先清单》进程来发挥作战司令（CCDR）的职能，另外通过扩大其成为高级领导审查小组成员来加强作战司令在决策过程中的作用，并把他们纳入到新成立的咨询机构战略规划委员会。继续更改《计划变更建议》（PCP）和《预算变更建议》（BCP）概念并将两者结合成一个文件，重命名为《变更建议》（Change Proposals，CP）。提交变更建议的基本规则有效地限制了在准备提交国会之前，军种部对下个预算年度的变更能力。

2008年小布什后期，新任国防部长盖茨上任后，以新规划指导文件来指导计划，替代战略规划指导（SPG）。国防部长的战略指导在军力发展（GDF）和武力部署指南（GEF）中体现。美国国防部也继续公布国家国防战略（NDS）作为各军种部指导开始规划《计划目标备忘录》。

2010年奥巴马上台后，国防部长盖茨在2010年4月9日实施了对PPBE系统的重大改变。他建立单独文件，以《国防规划和计划指南》指导构建《计划目标备忘录》。他将《计划目标备忘录》的规划时间从6年改为5年，取消了两年的预算编制过程，建立了一年预算。他还改变了偶数年和奇数年预算的概念，过去奇数年只有计划变更和预算变更的提案，变为每年都重新建立计划目标备忘录和预算。他提出了"前端评审"的概念（FEA），以在计划过程中提前做出决策。前端评审过程在本质上似乎与之前概述的"增强规

---

① 增强规划过程（EPP）设立的目的突出强调规划过程，用来审查主要的议题并提供基于能力分析的备选方案，交由国防部长来决策。

划过程"类似。在2009年的武器系统采购改革法案中，国会建立了成本分析与计划评估局局长（CAPE）作为总统任命的职位，成本分析改进小组（CAIG）和计划分析和评估局（PAE）合并组成了成本分析与计划评估局。

2011年帕内塔任国防部长后，《国防规划和计划指南》被《防务规划指南》（DPG）所取代。2014年12月11日其国防部常务副部长签署备忘录，重置"规划、计划、预算、执行过程"，声明国防部自2017财年开始返回到更顺次化的预算发展过程[①]。该决定确定"提供更多机会使军种部门计划、预算、战略与指南保持一致，允许各军种部门提出更好更具保护性的预算概算给国会"。《2015国防授权行动》中提出，2015年开始，并行的计划和预算审查改变为分开的顺次审查过程，也就是这时国防部长办公厅将计划审查和预算审查过程分开并按顺序进行。《四年防务审查》（QDR）也更名为《国防战略评估》（Defense Strategy Review，DSR）。计划审查和预算审查分开之后作出的决定也分别记入不同备忘录，取代过去的《资源管理决定》（Resource Management Decisions，RMD）。计划审查决定记录在《计划决定备忘录》（Program Decision Memorandums，PDMs），预算审查决定记录在《计划预算决定》（Program Budget Decisions，PBDs）[②]。PPBE的主要发展轨迹可以表3-1表示。

表3-1　　　　　　　　　PPBE的主要发展演变

时间	总统/国防部长	主要发展
1962年	肯尼迪/麦克纳马拉	国防部改革多年规划的预算过程，启动PPBS，改变各军种各自编制预算方法。国防部长办公厅（OSD）不再提详细的方案建议，而是审各军种提出的问题，利用特定预算上限。
1969年	尼克松/莱尔德	联邦预算引入零基预算。这给国防部长办公厅更多的机会改变各军种的计划建议。
1977年	卡特/布朗	各军种部门都开发了用于决策包的程序。成立国防资源委员会，管理PPBS。倡议改革包括更强调长程计划，更大的权力下放到各军种，更关注节约成本和效率。

---

① Bertuca, T., *Dod Begins Major Planning, Programming, Budgetng and Execution "Reset"*. 2014, Inside Washington Publishers：Arlington.

② *Planning, Programming, Budgeting & Execution Process*（PPBE），https：//www.dau.mil/acqui-pedia/Pages/ArticleDetails.aspx?aid=10fdf6c0-30ca-43ee-81a8-717156088826.

续表

时间	总统/国防部长	主要发展
1981年	里根/温伯格	把国防资源委员会计划的重点再次聚焦在重大问题以及整体PPBS过程整体流程进度安排。此外，重组的国防资源委员会还把军种部长增为正式成员。
1984年	里根/温伯格	国防部常务副部长塔夫脱引入提高作战指挥官发言权的程序，主要在计划目标备忘录（POM）的构建和计划审查过程中。
1986年	里根/温伯格	国防部长办公厅和军事部门执行了两年循环的PPBS过程。
1987年	里根/温伯格	在过去规划和计划阶段发挥作用基础上，国防资源委员会扩大了指挥官的作用，包括在预算审查和执行阶段。
1989年	布什/切尼	修改PPBS决策框架，包括国防部官员核心小组。
1993年	克林顿/阿斯平	国防部继续裁员，延续过去PPBS框架，核心的国防部管理者和审查论坛，包括一个计划审查组。
2001年	布什/拉姆斯菲尔德	各军种和国防部各机构准备合并POM/BES，实行并行计划和预算审查。设立了高级执行委员会。
2003年	布什/拉姆斯菲尔德	"单数年"替换为计划变更建议和预算变更建议。《战略规划指南》和《联合规划指南（JPG）》取代过去的《国防规划指南》。
2005年	布什/拉姆斯菲尔德	继续改革，提高《综合计划优先清单》进程，加强作战司令作用，将其加入到高级领导审查小组。
2006年	布什/拉姆斯菲尔德	把计划变更建议和预算变更建议合并后重新命名为《变更建议》，限制各军种的变更能力。
2008年	布什/盖茨	用新规划文件替代战略规划指南，国防部长战略指导体现在军力发展（GDF）和军力部署指南（GEF）中。
2010年	奥巴马/盖茨	新建文件《国防规划和计划指南》指导构建《计划目标备忘录》，规划时间从6年变为5年。取消两年的预算编制过程。改变偶数年和奇数年预算概念，提出"前端评审"概念。国会批准设立成本分析与计划评估局局长（CAPE）。
2011年	奥巴马/帕内塔	《国防规划和计划指南》被《防务规划指南》（DPG）取代。
2015年	奥巴马/帕内塔	并行计划、预算审查改变为分开的顺次审查过程。

资料来源：Harold W. Lord, *How the Army Runs: A Senior Leader Reference Handbook.* 2013 - 2014. Carlisle PA：US Army War College 28 (2013).

三、重大改革

观察规划、计划和执行系统产生以来的历史演变过程,在不同的总统和国防部长任期下,尽管该系统的具体操作几经改变,但其基本思路和程序已维持了半个多世纪。在此期间,莱尔德改革、《戈德华特-尼科尔斯国防部重构法》和拉姆斯菲尔德的国防转型等三次重要的改革深深影响了规划、计划、预算系统(PPBS)。拉姆斯菲尔德改革后并增加了"执行"这个词,重新命名了该过程,就是我们现在一般所称为的规划、计划、预算与执行系统(PPBE)。

(一)莱尔德改革

1969年梅尔文·莱尔德(Melvin Laird)接任国防部长后,对规划、计划和执行系统(PPBS)进行改革。莱尔德改革强调参与式管理,权力下放,突出军种部门的重要性,以此希望得到军方领导合作来减少国防预算和军队规模。改革在这方面取得了一定的效果,在莱尔德四年任期内,美国在越南的军队从1969年的549500人降到1972年5月的69000人[①]。莱尔德专注于从越南撤军,但也介入了一些其他事情,比如与其他国家的成本分担,保持技术领先(比如B-1型炸弹、三叉式潜艇),提高采购效率,增强战备,以及核建设限制。莱尔德于1973年1月完成了选征兵役(selective service)(制)草案,并不遗余力地致力于美国战俘释放工作。管理方面,莱尔德强调各军种部长和参谋长联席会议主席在预算制定中的作用。重新采用了军种计划和预算上限(固定比例),该"天花板"或预算上限概念也持续了近40年,各军种在制定规划和预算时都期望使计划、预算与预算授权总额(TOA)保持一致[②]。

(二)戈德华特-尼科尔斯国防部重构法

一般认为1947—1949年,美国国防部没有真正意义上的创新。从总体上

---

① Laird, M. R. 2003. Melvin R. Laird, Secretary of Defense, January 22, 1969 – January 29, 1973, www. dod. mil/specials/secdef_histories/bios/laird. htm.
② 杰里·L. 麦卡菲, L. R. 琼斯著, 陈波, 邱一鸣主译. 国防预算与财政管理, 经济科学出版社, 2013. 12: 80.

看，20 世纪 60 年代改革之前，直到 1986 年《戈德华特－尼科尔斯国防部重构法》（Goldwater–Nichols Act）实施，从某种程度上说，各军种部门都在国防部的约束下各行其事①。1981 年，参谋长联席会议主席、美国海军陆战队将军大卫·琼斯（David Jones）认为该系统已被破坏，要求国会对其进行改革。作为参联会主席，琼斯将军发声批评这件事本身就有非常重要的意义②。1981 年，琼斯指出，权力下放和对本军种利益的关注分散了精力，使资源分配过程碎片化，导致了超出预算能承担的更多项目。关注的焦点多集中在军种项目上，变化虽一直在进行但都在边缘进行，还可更好地变化。由于无法关注军种间的交叉需求，使军种需求的共性问题经常拿到参谋长联席会议层次上解决。琼斯将军称，由于给参谋长联席会议主席配备的人员不足，因此他能关注的问题其实很少，这样的后果就是国防预算由各军种的意愿决定（一般都是争取更多的计划和经费），而非由整合得好的参谋长联席会议决定。此外，他指出所有这些不仅削弱了参谋长联席会议的权威，而且削弱了根据 1958 年《国防重构法案》（Defense Reorganization Act）建立的统一指挥机构的权威③。

1986 年美国国会通过了一项较为彻底的改革法案，该法案通常被称作《戈德华特－尼科尔斯国防部重构法》，该法案的通过压制了五角大楼中的众多强势反对意见，这其中包括国防部长卡斯珀·温伯格（Locher），他认为它将"肢解"国防部管理系统④。该法案太复杂很难在此说清详情，但它确实加强了参谋长联席会议主席作为总统和国防部首席军事顾问和发言人的权力，给参谋长联席会议主席增加了足够的员工，赋予参谋长联席会议主席在规划、计划和预算系统（PPBS）重要阶段提出背景需求和审查其他参与者提交的计划的权力。该法案建立了由总统到国防部长再到联合（作战）司令（CINC）的国家指挥权，这增加了他们正式权力。这样，除了在其防区内使用军种允许他们使用的军力外，联合（作战）司令还有作战及指挥的职责，军种部门为它提供必要的资金。这一规定明确了军种承担训练和为防区内联合司令统

---

① Thompson, F., and Jones, L. R., 1994. *Reinventing the Pentagon*. San Francisco：Jossey–Bass.
② Chiarelli, P. W., 1993. Beyond Goldwater–Nichols, *Joint Forces Quarterly*, Autumn：71–81 http：//www.dtic.mil/doctrine/jel/jfq_pubs/index.htm.
③ Thompson, F., and Jones, L. R., 1994. *Reinventing the Pentagon*. San Francisco：Jossey–Bass.
④ Locher, J. R., 1996. Taking Stock of Goldwater–Nichols, *Joint Forces Quarterly*, Autumn：10–17，http：//www.dtic.mil/doctrine/jel/jfq_pubs/index.htm. Locher, J. R., 2002. *Victory on the Potomac：The Goldwater–Nichols Act Unifies thePentagon*，College Station，Texas：Texas A&M University Press.

一指挥作战提供人员和装备。《戈德华特－尼科尔斯国防部重构法》也创设了参谋长联席会议副主席这一职位，通常情况下就职于该职位的官员都是积极的改革者，他们通过各种委员会组织，对国防部内的资源规划过程有很大的影响力[①]。

（三）拉姆斯菲尔德改革

2003年美国国防部宣布对规划、计划和预算系统进行重大改革，将其更名为规划、计划、预算与执行系统，简称PPBE[②]。尽管计划、规划和预算系统的基本结构得到保留，但仍在一些重要方面做了改变。

首先，《管理倡议决定第913号》提出了一个两年期预算和总统执政四年期框架的规划周期（见表3-2）。

表3-2　　　　　　　　2003年PPBE系统周期

第一年：审查和细化	第三年：《指南》执行
● （初）国家安全战略	—
● 受约束的财政指导	● 受约束的财政指导
● 满足要求的来年《防务规划指南》（DPG）（表明政府新的优先级的任务研究，采办变化的实际整合、完成的《计划决策备忘录》（PDM）研究和国会变化）	● 满足要求的来年《防务规划指南》（DPG）（任务研究，采办变化的实际整合、《计划决策备忘录》研究和国会变化）
● 基线项目的有限变化	● 基线项目的有限变化
● 按照往年《防务规划指南》（DPG）对计划、预算和执行进行审查	● 按照往年《防务规划指南》（DPG）对计划、预算和执行进行审查
● 总统预算和国会理由	● 总统预算和国会理由
第二年：全PPBE周期——确定程序	第四年：全PPBE周期——确保传统
● 四年防务审查	—
● 财年指南发布	● 财年指南发布
● 往年《防务规划指南》（四年防务审查实施）	● 往年《防务规划指南》（战略和计划的细化校准）
● 《计划目标备忘录》（POM）/《预算概算》（BES）呈提	● 《计划目标备忘录》（POM）/《预算概算》（BES）呈提

资料来源：Secretary of Defense, *Management Initiative Decision* 913, 2003.

---

① Thompson, F., and Jones, L. R., 1994. *Reinventing the Pentagon.* San Francisco：Jossey - Bass.
② McCaffery, Jerry L., 2005. Reform of Program Budgeting in the Department of Defense, *International Public Management Review*, Volume 6, Issue 2, 2005. http：//hdl. handle. net/10945/40806.

其次，2003年改革后依据《管理行动决定第913号》（MID 913）把预算定义为两年的预算过程。这样改变了国防部长办公厅向各军种提供计划信息的周期。以前每年发布的《防务规划指南》现在变成两年发布一次。该目的是在四年总统执政期内有两个两年期循环。偶数年，国防部会发布详细规划和预算指南。各军种及国防部各业务局会制定一个两年期预算，大年（偶数或双数年）提出计划申请和进行预算概算提呈，小年（奇数年）集中预算执行和计划完成。字母E加入到PPBS中是强调在奇数年的执行审查。具体四年周期的过程如图3-1所示。拉姆斯菲尔德改革的两年期预算，在实际运行中大致也只有在2004年、2005年执行了该新模式。2006年及以后预算过程就又回到了传统的年度周期。

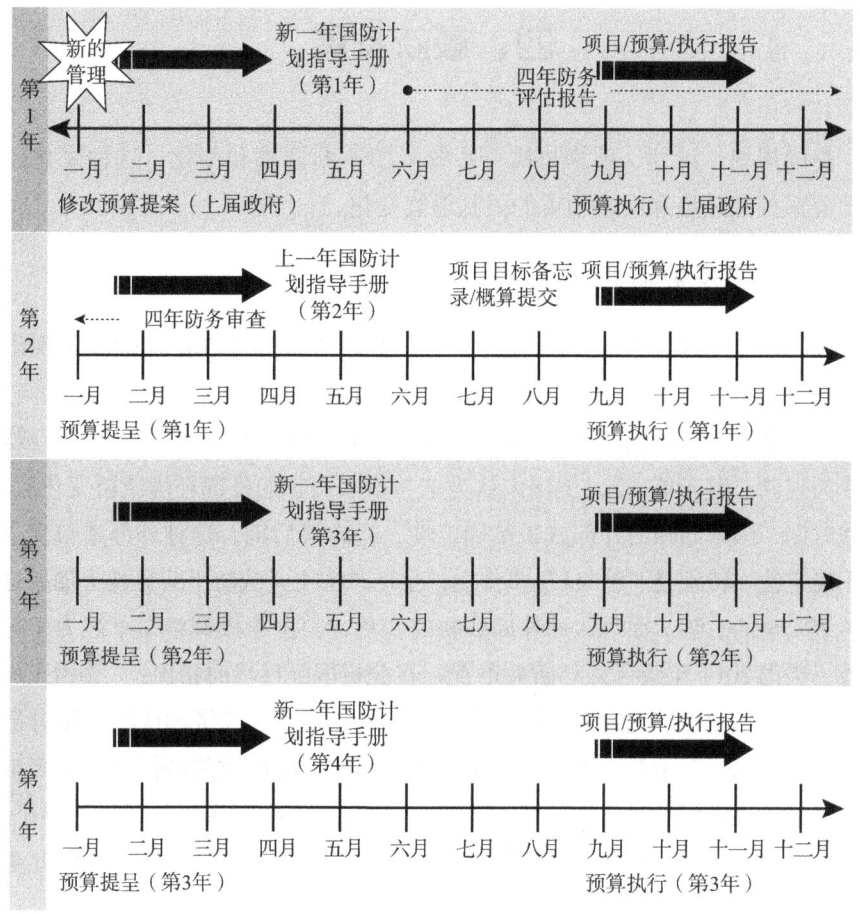

图3-1　2003年PPBE四年循环日历

资料来源：Secretary of Defense，*Management Initiative Decision 913*，2003.

最后，此次改革将两个独立依序的计划审查与预算审查整合后实施联合计划预算审查，同时把过去两个分隔的计划和预算信息数据库进行整合。从逻辑上说，预算是用来描述和证明各军种部门在《计划目标备忘录》拟提计划组合的合理性，并说明必须得到资助的计划。审查《计划目标备忘录》与规划和计划指南时，与分开进行的预算审查时常会造成不一致。国防部长办公厅简化审查过程，通过缩短计划构建时间，延长用于审查或评估的时间。这种做法主要是为了更长时间把预算过程掌握在国防部长办公厅手中，而不是由各军种来掌握。这也可以解释为国防部长加强决策集权和管理控制的一种表现。

四、最新发展

美国规划、计划、预算与执行系统经历不断调整和变化，这种变化还随美国美军外部环境和财政约束的限制继续变化。

（一）新发展动向

2008年盖茨就任国防部长后，其在任期内及以后PPBE各阶段呈现出一些重要变化。

一是从基于威胁到基于能力规划。规划阶段的基本理念由过去"基于威胁"转变为强调"基于能力"，美国人认为这与该国面临的外部环境威胁变化有关。冷战时期，国家面临的外部威胁是确定性，而冷战后期，这种外部威胁变得具有不确定性。特别是"9·11"事件后，全球恐怖主义威胁不断显现更加剧这种非传统安全的态势。面对这种外部威胁的变化，美国积极调整军事能力来应对挑战。美国2014年版《四年防务审查》在分析国际环境时指出："美国正面临不可预知、不确定、迅速变化的安全环境，全球政治、经济和政治力量分散在加剧，新技术、新力量中心的快速涌现对美国构成战略挑战的同时也带来战略机遇。"该《报告》提出"美军在未来的五年，将通过对联合部队的再平衡，打造'快、小、灵'的作战力量，以适应各种可能性的作战行动"[1]。因此美军

---

[1] secretary of defense, *Quadrennial Defense Review*. 2014.

认为在联合需求基础上的联合能力构建将是未来国防预算结构的主要方向。就资源分配决策而言，规划的目标是识别国家军事战略与现存及未来将要形成的军事能力之间是否存在任何差距与错配，并为后续计划阶段提出目标并发布指导。该阶段对军事能力和规划战略适用性的前端评估（front end assessments，FEAs）就显得非常重要。2012年8月美军参谋长联席会议主席指令第8501.01B号发布，战略组合评估报告（strategic portfolio review，SPRs）取代了前端评估（FEAs），战略组合评估报告在夏季和初秋期间进行，与计划和预算决策过程同时进行，报告会讨论国防部长提出的影响国防部资源配置的重大战略问题。在国防部长指导下，成本分析与计划评估局（CAPE）局长将协调战略组合评估报告中各方利益，制定能在计划阶段完成的解决方案。在规划、计划和财政指南以及各战略投资组合评估报告的指导下，各军种部门、特种作战司令部、联合参谋部和各国防机构制定其计划①。

二是从联合计划和预算审查到分离计划和预算审查。拉姆斯菲尔德在任国防部长时对规划计划预算系统改革中变化较大的一点是，过去国防部长办公厅依序进行计划和预算审查整合为联合计划和预算审查。《计划目标备忘录》和《预算概算》同时提交，审查同时进行。时间从8月到11月，常被称为国防部长办公厅夏季审查。审查完成后计划和预算所有决议都会记录到《资源管理决定》（RMD）。这种变革优化了计划与预算程序，缩短周期，避免了很多重复性工作。预算年，各军种、作战司令部、国防部各业务局在编制各自的《计划目标备忘录》时同时编制《预算概算》，这样可以更好将计划项目与预算紧密结合。但美军认为这种改革存在一定问题，帕内塔任国防部长时期，2014年12月11日其国防部副部长签署备忘录，"重置规划—计划—预算—执行过程"，声明国防部自2017财年开始回到更序列化的预算制订过程②。事实上，这种审查程序在2015年就发生变化。计划审查和预算审查由同时并行审查转变为顺次连续审查。2015年美国《国防预算授权法案》中提出把联合计划和预算审查分开仍依次实施，重回历史。

按美国人的说法，计划、预算分开审查是为了"提供更多机会使军种部门的计划、预算与战略和指南保持一致，允许各军种部门提出更好更具保护

---

① Director, J. S., *chairman of the joint chiefs of instruction*, CJCSI 8501.01B.2012.
② Bertuca T. DoD, *Begins major planning, programming, budgeting and execution "reset"*. Arlington: Inside Washington Publishers, 2014.

性的预算提案给国会"①。重置规划、计划、预算与执行系统过程就是把《计划目标备忘录》(POM) 和《预算概算》(BES) 分离开，这两个过程各自提交、分析和决定。做出决定的文件也有两个，分别是《计划资源管理决定》(program RMD) 和《预算资源管理决定》(budget RMD)。时间上如图3-2所示，计划审查和预算审查分开并有顺次进行，计划审查周期从8月到11月上旬，预算审查周期从9月到11月下旬，两个过程相互剥离开来，顺次并交叠进行。

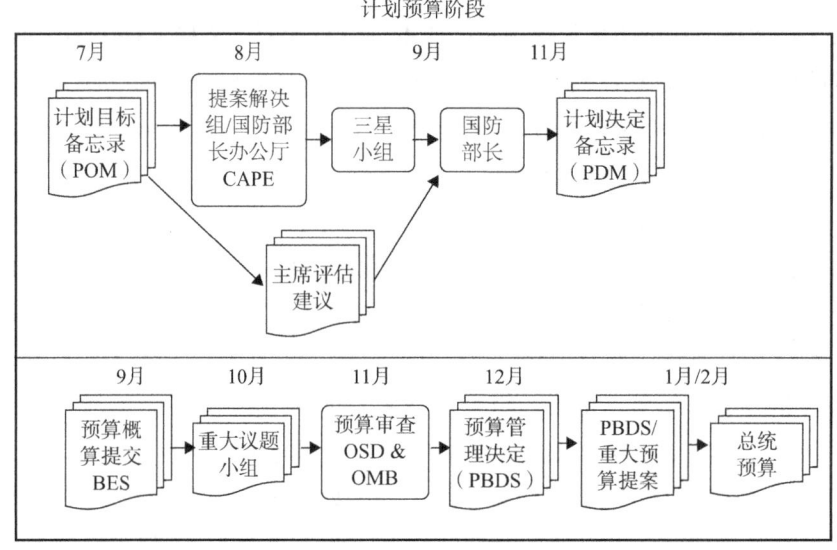

图3-2 计划审查和预算审查程序变化

资料来源: DAU. ACQuipedia, Funds Management Platinum Card – July 2016 (EB/OL). (2021 – 8 – 2) [2023 – 6 – 27]. https://acqnotes.com/acqnote/acquisitions/ppbe – overview.

(二) 新改革提议

尽管从最初的PPBS开始，PPBE已在美军实行了半个多世纪，但对PPBE的批评从未间断。一些观察者批评国防部的PPBE过程特别是它对计划时间表和开发的假设反映了"工业时代"的方法，并以大资本支出为导向，如航空

---

① Planning, Programming, Budgeting & Execution Process (PPBE), https://www.dau.mil/acqui-pedia/Pages/ArticleDetails.aspx? aid = 10fdf6c0 – 30ca – 43ee – 81a8 – 717156088826.

母舰和战略轰炸机,这种系统通常需要耗资数十亿美元、数年才能完成,并遵循采购和部署前的传统研发模式。2019 年美国国防部咨询机构国防创新委员会(Defense Innovation Board)认为,PPBE 流程,包括其对两年或更长时间规划时间的要求,"限制了系统快速适应快速变化的威胁的能力,并增加了对及时有效整合数字技术进步的阻碍①;认为:"开发、部署和维护软件应用程序和信息技术(IT)系统的最新行业最佳实践大大超过了美国政府工业时代的规划、计划、预算与执行系统……方法。"② 在 2021 年的一份报告中,哈德逊研究所认为,国防部的决策时间,即从通过第一份合同及早发现机会或需求所需的时间,可能需要更长时间,最长可达 6 年,而且"为了在与中国的军事竞争中获得优势,美国可能需要修改其资源分配流程,以便在选择如何最好地追求其作战目标时能做出更快的决策和更大的适应性"③。曾任美国国家人工智能安全委员会主席的谷歌前首席执行官埃里克·施密特在国会作证时表示,国防部面临的问题不是"创新,而是创新采用"。他说,该部门过时的预算流程"为新技术创造了死亡之谷,允许基础研究资金和武器系统的采购,但阻止了对原型、概念和人工智能等新概念和技术实验所需的灵活投资"④。

一些观察者,包括该进程的前参与者,对 PPBE 进程提供了不同的描述。他们中的一些人指出,由于 PPBE 进程遵守常设法律的规定,但没有明确的设立法律依据,导致国防部可在不受国会干预的情况下改变内部程序或程序要素。在其年度预算请求中采用不同方法为国防方案、组织和任务提供资金,

---

① Mark Ashby et al., *Defense Acquisition in Russia and China*, RAND Corporation, 2021, p. 31, https://www.rand.org/content/dam/rand/pubs/research_reports/RRA100/RRA113-1/RAND_RRA113-1.pdf.

② Mark Ashby et al., *Defense Acquisition in Russia and China*, RAND Corporation, 2021, p. S77. The report recommended for DOD to shift from a traditional linear development approach (i.e., "waterfall") to an iterative software development methodology that combines development, security, and operations (i.e., "DevSecOps"). See p. xi.

③ William Greenwalt and Dan Patt, *Competing in Time: Ensuring Capability Advantage and Mission Success through Adaptable Resource Allocation*, Hudson Institute, February 2021, pp. 6, 10-11, at https://s3.amazonaws.com/media.hudson.org/Patt%20Greenwalt_Competing%20in%20Time.pdf.

④ https://www.armedservices.senate.gov/imo/media/doc/Schmidt_02-23-21.pdf. Testimony of Eric E. Schmidt, in U.S. Congress, Senate Committee on Armed Services, *Emerging Technologies and Their Impact on National Security*, hearings, 117th Congress, 1st sess., February 23, 2021, pp. 11-12, at https://www.armed-services.senate.gov/imo/media/doc/Schmidt_02-23-21.pdf.

如通过合并或重组方案要素。可通过向国会提出修正案或补充请求寻求预算变化，以及通过国会提供的现有（或经修订的）权力机构重新编程和转移资金，以应对新出现的优先事项①。一位前国防部官员辩称，PPBE 过程并不是"死亡谷"的原因，即试验性项目未能从科学技术阶段或开发阶段过渡到生产时期，而是解决方案的一部分，因为它为决策者提供了机会，在多年资金计划期间为这种过渡分配资金②。尽管指出国防部预算编制过程"反应不够灵敏，无法从失败的努力转向或迅速加倍关注新出现的赢家"，但兰德公司分析师辩称，过度强调速度可能会产生意想不到的后果。比如成为"进化的死胡同"或"超大操作和维护负担"的系统③。

2021 年一些审查建议对国防拨款和当局进行改革，作为国防部预算流程现代化努力的一部分。2021 年国家安全委员会关于人工智能的最终报告包括几项建议，建议国会和国防部使数字技术的预算和监督程序现代化，如通过为软件和数字技术创建单一的拨款和预算结构④。众议院军事委员会前主席表示，委员会的另一项建议是关于试验项目组合管理方法，以测试要求和预算，建议应为 PPBE 程序的更广泛改革提供经验教训⑤。

---

① Dov S. Zakheim, "Reform the Pentagon's budget process, or lose our military and tech advantages", *The Hill*, April 2, 2021, at https://thehill.com/opinion/546097-reform-the-pentagons-budget-process-or-lose-our-military-and-tech-advantages? For more information on DOD transfer and reprogramming authorities, see CRS Report R46421, *DOD Transfer and Reprogramming Authorities: Background, Status, and Issues for Congress*, by Brendan W. McGarry.

② John Whitley, *Three Reforms to Improve Defense Resource Management*, IBM Center for the Business of Government, June 9, 2022, p. 26, at https://www.businessofgovernment.org/sites/default/files/Three%20Reforms%20to%20Improve%20Defense%20Resource%20Management.pdf.

③ Jonathan P. Wong, "Bad Idea: Overly Focusing on Speed in Development and Acquisition", *The Center for Strategic and International Studies*, December 15, 2020, at https://defense360.csis.org/bad-idea-overly-focusing-on-speed-in-development-and-acquisition/.

④ 该报告包括以下与国防预算相关的建议：提供补充资金以推动人工智能技术的运营原型、规模和过渡，加快努力实施需求和预算的投资组合管理方法，指示国防部长建立专门的人工智能基金，支持在 2022 财年继续预算活动试点计划，并指示国防部在试点计划中增加科学和技术项目。到 2023 财年为软件和数字技术建立单一的拨款和预算结构，以及在整个国防部范围内确定和实施成功的基于投资组合和任务的预算编制结构。有关更多信息，请参见国家安全委员会关于人工智能的最终报告，2021 年 3 月，第 308—311 页，https://www.nscai.gov/wp-content/uploads/2021/03/FullReport-Digital-1.pdf.

⑤ William "Mac" Thornberry, *How Congress must reform its budget process to compete against China in AI*, The Hill, June 25, 2021, at https://thehill.com/blogs/congress-blog/economy-budget/560345-how-congress-must-reform-its-budget-process-to-compete/.

在国防部背景下，一些观察家将基于投资组合的预算概念描述为管理整个类型系统的资金，如所有陆军直升机，而非单一项目（如 AH－64 阿帕奇攻击直升机）①。对许多项目，国会目前授权和拨款一个或多个拨款账户，每个账户包含一个或多个项目。如在 2022 财年为 AH－64 直升机提供的 7.9 亿美元中，7.8 亿美元为陆军飞机采购账户中的细目项目，1000 万美元为陆军研究、开发、测试和评估账户中的细目项目②。前述国防创新委员会（DIB）报告提出了它认为是优先事项的一些建议，包括建立新的拨款类别，为软件提供资金，作为单独预算项目，不将"研究、开发、测试和评估"（RDT&E）与"生产和维持"分开。2021 财年，美国国会设立新的"研究、开发、测试和评估"（RDT&E）预算活动（6.8），即"软件和数字技术试验计划"③。一般而言，预算活动是拨款账户内类似项目的分组，这笔资金在可用期间通常与其他类型的国防拨款相关的活动有关，包括"敏捷研究、开发、测试和评估、采购、生产、修改以及操作和维护"④。

国防拨款通常有不同的可用期，国防财务主管可以在这段时间内授权承担新的授权、债务调整、支出和支出。如军事人员（MILPERS）、运行和维护（O&M）拨款一般可用于此类行动，最长为一年；"研究、开发、测试和评估"（RDT&E）拨款为两年，采购拨款为三年（造船五年），军队建设（MILCON）拨款为五年。国防创新委员会（DIB）报告还提出了其他被它视为次要方面的建议，包括用一种投资组合管理方法取代 PPBE 和其他程

---

① Thomas Spoehr and Frederico Bartels, *Reforming the Defense Department's Planning, Programming, Budgeting, and Execution Process*, The Heritage Foundation, January 14, 2022, at thttps：//www. heritage. org/defense/commentary/reforming – the – defense – departments – planning – programming – budgeting – and – execution.

② DOD, Office of the Under Secretary of Defense (Comptroller) /Chief Financial Officer, April 2022, *Program Acquisition Cost by Weapon System*, United States Department of Defense Fiscal Year 2023 Budget Request, p. 1 – 9, at https：//comptroller. defense. gov/Portals/45/Documents/defbudget/FY2023/FY2023 _ Weapons. pdf.

③ DOD, Defense Innovation Board, Final Report of the Defense Innovation Board (DIB) Software Acquisition and Practices (SWAP) Study, Software Is Never Done：Refactoring the Acquisition Code for Competitive Advantage, May 3, 2019, pp. 37 – 38.

④ 根据美国国防采办大学（DAU）的说法，预算活动是"每个拨款和基金账户中确定拨款或基金资助的目的、项目或活动类型的类别"。见美国国防部.《DAU 词汇表》，"预算活动"，https：//www. dau. edu/glossary/Pages/GlossaryContent. aspx? itemid = 26941. 有关"研究、开发、测试和评估"（RDT&E）预算活动的更多信息，可参见 CRS 报告 R44711, *Department of Defense Research, Development, Test, and Evaluation (RDT&E)：Appropriations Structure*, by John F. Sargent Jr.

序，这种方法授权每个武装部队的项目执行官员根据作战人员的需求分配资金用于软件能力①。

2022年，兰德公司的一份报告总结了最近关于PPBE改革的建议如下：更有效地执行现有PPBE流程（如减少审批机构数量，更新预算论证文件，及时发布战略指导）；更广或不同的分析单位（如为联网通信和其他现代化优先事项创建新的预算类别，将各种"研究、开发、测试和评估"（RDT&E）方案要素合并为更大的小组，建立可用于多种目的的应急基金）；综合投资组合（如将国防预算的一部分合并到任务、能力领域或区域，类似于以前资助联合打击组织简易爆炸装置和联合人工智能中心的努力）②；将"研究、开发、测试和评估"（RDT&E）从《未来年度防务计划》（FYDP）中删除（即将"研究、开发、测试和评估"（RDT&E）资金从长期预算预测中排除）；加强重新规划（如增加国防部可转移或重新规划的资金数额，将此类行动的权力下放到较低的组织级别）③。

（三）新改革立法

近期一些相关国防法案中也屡屡提及PPBE改革或对PPBE一些领域先行立法进行改革。

1. 《2022年国防部拨款法案》

为响应建立新的拨款账户或结构的呼声和为国防部与软件相关的开发提供更大的采购和预算灵活性，美国国会在2021财年为软件和数字技术试点项目设立了新的"研究、开发、测试和评估"（RDT&E）预算活动，并将此类努力的资金从2021财年的5.88亿美元增加到2022财年的7.418亿

---

① 根据项目管理协会的说法，投资组合管理是指对一个或多个项目投资组合进行集中管理，以实现战略目标。参见项目管理研究所. 投资组合管理, https://www.pmi.org/learning/featured-topics/portfolio. 根据政府问责局（GAO）的说法，一些公司和组织使用投资组合管理方法来"从企业层面集体评估产品投资，而不是作为独立和无关的倡议"。见美国政府问责局. 最佳实践：武器系统投资的综合投资组合管理方法可以改善国防部的采购结果, https://www.gao.gov/assets/gao-07-388.pdf.

② 美国国会已经指示建立或扩大某些防御能力。国会定期为国民警卫队和后备部队装备账户（NGREA）提供资金，为后备部队采购物品（如P.L.117-103，Division C, Title III；136 Stat. 169）。国会还指示国防部建立化学、生物、辐射和核（CBRN）快速反应小组（见P.L.104-201，§1414；110 Stat. 2720）。

③ Jonathan P. Wong, *Resourcing Defense Innovation: The Role of Organizational Values*, Acquisition Research Program at the Naval Postgraduate School, May 2, 2022, https://dair.nps.edu/bitstream/123456789/4565/1/SYM-AM-22-052.pdf.

美元①。与此同时，国会在2021财年《国防拨款法案》附带的说明性声明中辩称，"需要客观的定量和定性证据来评估已获批准试点项目的潜在扩展"，并"在执行拨款时寻求更大的灵活性，不应成为挑战国防部执行这些项目能力的内部会计和指导问题的解决方案。"②

在2022财年国防拨款法案附带的立法文件中，国会也提出了类似的观点。参议院拨款委员会国防小组委员会承认了国防部"关于现代软件开发实践带来的增量技术挑战的理论基础，包括对现有代码实施技术修复，解决网络漏洞，以及集成逐步开发的新功能"。然而，该小组表示，"报告的要求……没有及时提交给国会国防委员会，也没有为分析与传统拨款做法相比试点方案的效力提供基线。"③ 在《2022年国防部拨款法案》（第117—103号法律公告C分部）附带的解释性声明中，国会鼓励国防部长对此类试点项目与传统软件和数字技术项目相比，对国防部会计和财务管理流程进行详细分析，并向国会国防委员会提交季度报告，详细说明量化和定性指标以及其他信息，作为评估的一部分④。

2.《2022年财年国防授权法案》

美国国会对《2022年财年国防授权法案》（NDAA；第117—81号法律）的审议涉及关于PPBE程序进度和有效性的辩论。众议院通过的该法案包括建立国防资源预算和分配委员会的条款（第1079条）。该条款目的是"就国防部资源预算和分配的有效和战略方法达成共识，包括对国防部规划、计划、预算和执行方法进行审查。并考虑这种方法的潜在替代办法，以最大限度应对当前和新出现威胁的能力，法案规定设立规划、计划、预算和执行改革委员会，对国防部PPBE过程进行独立审查和评估"⑤。

---

① 国防部2023财年为此类试点项目申请了17.8亿美元。有关更多信息可参阅国防部研究、开发、测试与评估计划（R-1）2023财年预算文件，https：//comptroller.defense.gov/Portals/45/Documents/defbudget/FY2023/r1.xlsx，2022年6月10日访问。

② 《2021年国防部拨款法案》（P. L. 116260 C部分）附带的解释性声明，《国会记录》，每日版，第166卷（2020年12月21日），第三册，H8167页。

③ 国家拨款委员会.《2022年国防部拨款法案解释性声明》（该委员会多数派"民主党"核心小组发布的声明草案），2021年10月18日，第154页，https：//www.appropriations.senate.gov/imo/media/doc/DEFRept_FINAL.PDF.

④ 《2022年国防部拨款法案》（P. L. 116260 C部分）附带的解释性声明，《国会记录》，每日版，第166卷（2022年3月9日），第三册，H2064页。

⑤ 见SASC，听证会.《国防部规划、计划、预算与执行过程》，https：//www.armedservices.senate.gov/hearings/21-03-18-planning-programmingbudget-and-execution-process-of-the-department-of-defense，2021年3月18日。

法案包括与 PPBE 进程有关的其他规定。这些要求包括要求国防部长建立试点计划，以确定如何更快地满足战斗司令的作战需求；要求国防部长在战略能力办公室内建立试点计划，以弥补战区"重大"能力差距；要求国防部审计长向国会国防委员会提交计划，以整合用于管理数据和支持这一过程的信息技术系统[①]。

（四）新改革机构

《2022 财年国防预算授权法案》第 1004 条（第 117—81 号法律）规定设立规划、计划、预算和执行改革委员会，该部分讨论了委员会的宗旨、职责和其他选定的要素。

1. 目的

立法委员会赋予该机构的目的是：审查国防部规划、计划、预算与执行过程及相关做法的有效性，特别是在促进国防现代化方面；考虑这些过程和做法的潜在替代方案，以最大限度地提高国防部及时应对当前和未来威胁的能力；提出立法和政策建议，以改进过程和做法，以部署必要的作战能力，以超越近邻竞争对手，提供数据和分析见解，并支持与战略国防目标相一致的综合预算。

2. 职责

法案规定，委员会的职责是将该进程与私营工业、其他联邦机构和其他国家的类似进程进行比较；评估该进程所有阶段和各方面的效力和效率；并提出改进该进程有效性的建议。尤其是委员会要评估以下事项：

- 国防部官员的作用和完成各阶段或方面的时间表；
- 国防预算的结构，包括按计划、拨款账户、主要军力计划、预算活动和计划分类预算的有效性以及该结构是否支持现代作战对速度、敏捷性、迭代开发、测试和部署的要求；
- 审查该过程如何支持联合努力、能力和平台生命周期以及将技术转移到生产；

---

① 135 Stat. 1884；and explanatory statement accompanying the FY2022 NDAA（P. L. 117-81）in Part 2 of the House section of the Congressional Record，December 7，2021，p. H7314.

● 提出国防预算并证明其合理性的时间表、机制和系统,监测方案执行情况和国防部预算执行情况,并制定要求和业绩衡量标准;

● 审查国防部财务管理制度,包括政策、程序、过去和计划的投资,以及与更换、修改和改进这些制度有关的建议,以确保国防部的这些制度和相关程序产生有效的内部控制,实现可审计的财务报表能力以及满足其他财务管理和业务需要的能力;

● 审查同行竞争对手的预算编制方法和战略,以了解这些竞争对手是否以及如何能够或多或少成功地应对当前和未来的威胁。

3. 报告

该立法要求委员会在2023年2月6日之前发布中期报告,并于9月1日之前发布最终报告。并要求委员会向参众两院军事和拨款委员会提供三次简报(第一次在其成立后六个月内,下一次在提交中期报告后一个月内,最后一次在提交最后报告后一个月内)。

4. 人员

该立法设立了由14名成员组成的委员会,由国防部、国会、军事和拨款委员会的领导人任命的非政府文职专家组成。该委员会随后选举博思艾伦咨询公司高级顾问罗伯特·黑尔为主席,他曾在奥巴马政府期间担任国防部审计长;艾伦·洛德为副主席,他曾是传感器制造商的董事会董事,曾在特朗普政府时期担任国防部采购和维持事务的副部长①。

事实上,对该改革机构的组成也存在一些争议。一些观察人士批评该委员会的组成。如一篇文章称14名委员中有11名与国防工业有联系,在肯定PPBE改革潜在好处的同时,还在一定程度上辩称,"这也会为国防工业的旋转门常客提供不可抗拒的赚钱机会。那些在国会山、五角大楼以及顶级军事承包商高管和董事会之间跳槽的人。"② 另有人强调了任命具有"合适专业背景"的委员,以评估潜在变化对参与该过程各利益相关者影响的重

---

① Tony Bertuca, "New PPBE reform commission names Hale as chair, Lord as vice chair", Inside Defense, June 2, 2022, at https://insidedefense.com/daily-news/new-ppbe-reform-commission-names-hale-chair-lord-vice-chair.

② Julia Gledhill, "Reform—or Repeat? Congress Fills New Pentagon Reform Panel with Revolving Door Regulars", *Project on Government Oversight* (POGO), March 8, 2022, at https://www.pogo.org/analysis/2022/03/reform-or-repeat-congress-fills-new-pentagon-reform-panel-with-revolving-door-regulars.

要性：增加太多在当前体系中投资的人。而这会成为维持现状的秘诀。大量拥有创新私营部门经验的人涌入五角大楼，解决方案会被证明完全不可行①。

---

① Thomas Spoehr and Frederico Bartels, *Reforming the Defense Department's Planning, Programming, Budgeting, and Execution Process*, The Heritage Foundation, January 14, 2022, at https://www.heritage.org/defense/commentary/reforming-the-defense-departments-planning-programming-budgeting-and-execution.

第四章 参与机构

规划、计划、预算与执行系统的最终结果是将美国国防部预算提交行政管理与预算局,成为总统预算的一部分,并最终提交国会。当然,在国防部内部有众多机构和人员参与,以对该流程进行协调并达成一致。

一、国会

国会预算程序是国会应总统预算请求授权计划和拨款的立法机制。这个程序从二月的第一个星期一提交总统预算开始,直到颁布立法时结束。国会预算过程连接规划、计划、预算与执行过程的预算阶段和执行阶段。

(一)国会国防预算议事机构

美国国会预算主要涉及预算委员会、授权委员会和拨款委员会。国会的国防预算程序有赖于几个关键委员会,众议院和参议院分别设有预算委员会、军事委员会和拨款委员会。其中预算委员会负责审查预算决议,军事委员会负责审议授权法案,拨款委员会负责审议拨款法案。

1. 国会预算委员会

国会两院的预算委员会每年都会起草一份决议,概述联邦政府未来几年的财政范围。这些范围包括收入、预算权限、支出、盈余或赤字数额以及公共债务水平。预算委员会努力在每年 4 月 15 日前完成决议,以便支出和收入委员会有时间在 10 月 1 日新财年开始前完成工作。

2. 国会授权委员会

在拨款可合法用于承付之前,它们资助的项目或机构应得到法律授权。

许多众所周知的国会委员会都是授权委员会,例如,众议院和参议院军事委员会是国防项目的授权委员会。就国防部而言,这些委员会不仅授权这些计划,它们还履行宪法第一条第八款规定的立法机构的职能:募集和维持陆军;配备和保持海军;制定管理和控制陆海军队的各种条例;制定召集民兵的条例,以便执行联邦法律,镇压叛乱和击退侵略;规定民兵的组织、装备和训练,以及民兵为合众国服务时的管理办法。

3. 国会拨款委员会

在获得计划或机构的授权后,拨款委员会将提供其实际预算授权。虽然有许多负责政府职能的授权委员会,但国会每个院中只有一个拨款委员会。这些委员会每年共编制13项年度拨款法案,涵盖所有各种预算职能。对于国防部而言,最重要的两个是:国防拨款法案,该法案授权运营和维护,人员和采购;军事建设法案,其授权建设项目和军队家庭住房。

(二) 国会国防预算过程

基本上,每年国会的国防预算过程可分为三个不同阶段:共同预算决议、国防授权法案、国防拨款法案。图4-1描述了美国国会国防预算过程。按照1974年修正的《国会截留和控制法》所确定时间表,共同预算决议应在4月15日前通过,但国会却很少能在这一个时限前完成。国会通常在6月或7月前通

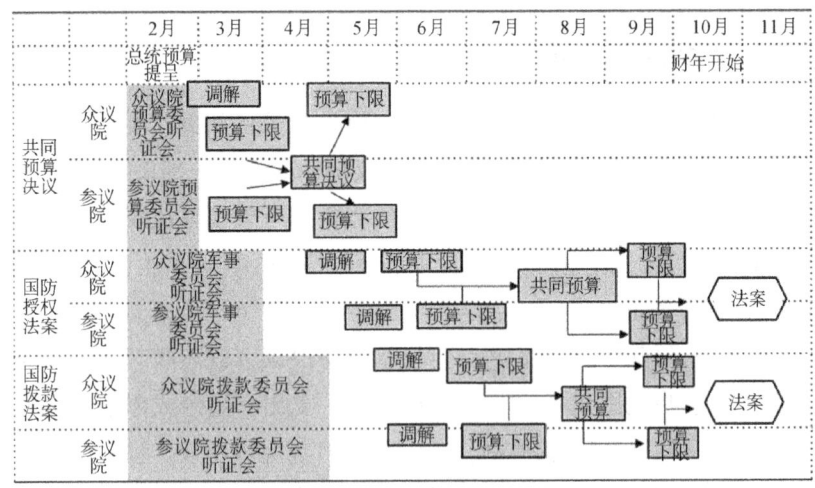

图4-1 国会国防预算过程

资料来源:Headquarters, USAF, *Planning, Programming, Budgeting and Execution System Training Program reference guide*. The Air Force Programming:p. 77.

过预算决议案,该案为所有财政委员会和小组委员会提出税收和支出目标。当然,这个预算决议是国会对自身即将到来的拨款过程中征税规模和支持规模的承诺。它是决议而非法律,只是用来指导预算协商和法规制定的工具①。

1. 预算决议

共同预算决议(concurrent budget resolution,CBR)是美国国会参众两院通过的一项决议,它给出所有预算决策的总体框架。预算决议建立收入目标,设定预算拨款上限和整个联邦的支出预算。共同预算决议并不规定每个项目的具体资助金额,作为共同预算决议的结果,支出分配交给拨款委员会及各小组委员会进行处理。

2. 授权过程

美国国会授权行为提供了立法权力或维持政府计划或机构,并最终为拨款服务。授权法案处理政策问题和修改现行法律,授权行为定义了计划的范围,并授权了资助级别。为国防授权的委员会是参、众议院的军事委员会。国防授权法案是美国发布的财年国防预算的授权法案,授权法案批准防务计划,特别是拟议新计划。经参议院和众议院审议通过后,由美国总统签署生效。

3. 拨款过程

拨款过程为国防项目提供资金和必要的预算权力。拨款由美众议院及参议院拨款委员会和负责国防的小组委员会来完成,在各委员会里,相关的小组委员会都举行听证会审查美国总统提出的国防预算请求,在将其提交给全体委员会之前,对国防拨款立法进行标记。然后基本按与授权过程一样的步骤,进行听证和投票。

4. 拨款行为

国会主要通过三种拨款措施:

一是《定期拨款法案》(Regular Appropriations Acts)。《定期拨款法案》为国防部提供下个财年的预算授权,《定期拨款法案》提供了大部分的国防资金,拨款必须在提供拨款的财年内使用,除非法律规定拨款可以长期使用。

二是《延续拨款决议》(Continuing Appropriations Resolution,CAR)。如果美国国会不能通过所有的定期拨款,在财政年度(10月1日)开始美国国

---

① 杰里·L. 麦卡菲,L. R. 琼斯著,陈波,邱一鸣主译. 国防预算与财政管理,经济科学出版社,2013.12:125.

防部可以在没有资金情况下继续运作。为避免这种事件的破坏性影响，美国国会通过继续拨款立法提供临时预算权。但该预算权受到限制，特别是它不能用于开始新项目。

三是《补充拨款法案》（Supplemental Appropriations Act）。除了定期拨款措施中提供的金额外，美国总统还可以要求并由国会通过一项或多项补充拨款措施，在本财政年度内，为没预期到的活动提供额外资金。

国会的预算和审查流程如图4-2所示。

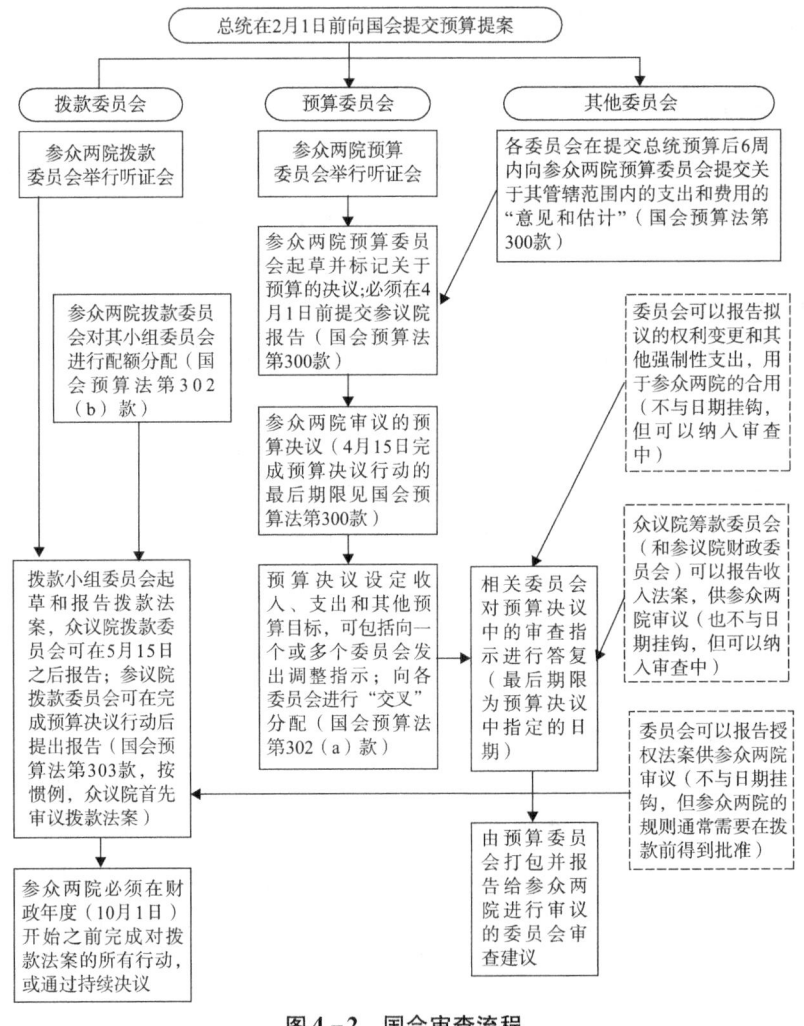

图4-2　国会审查流程

资料来源：Saturno, James V., *The Congressional Budget Process: A Brief Overview*, Congressional Research Service, August 22, 2011.

二、总统

美国总统在1921年的《预算与会计法案》(《美国法典》第31卷,二级次目,第11章,1105部分)中,被授权每年发布国家预算。提交预算时间是在每年一月份的第一个星期一或之后,但不得晚于二月的第一个星期一。每份国家预算应该包括预算内容、概要及支持信息。

按照美国宪法,预算过程从政府行政部门开始,在这里制定出预算规划,然后传递给立法部门,预算被重新审查、重新计算(有时甚至是全部否决)、修订、通过。该过程通常是在行政部门结束的,在这里总统作为行政部门的首长(武装部队总司令),签署预算法案并使之成为法律。在联邦层次,总统可以否决他不赞成的预算法案,但他最终必须签署某种折衷的法案。尽管宪法明确规定"财权"由国会掌握,但由于权力分立相互制衡,所以预算的权力也分散在不同的部门。

位于战略规划最高领导层的国家安全委员会(The National Security Council, NSC),负责准备《国家安全指南》,并在总统批准情况下,依据该指南制定国家安全政策。《美国法典》第50卷第404条(a)款要求总统每年向国会提交一份美国《国家安全战略》(National Security Strategy, NSS)综合报告以及《总统预算》。《国家安全战略》及其他政策为国防部规划与计划提供了基础(见图4-3)。

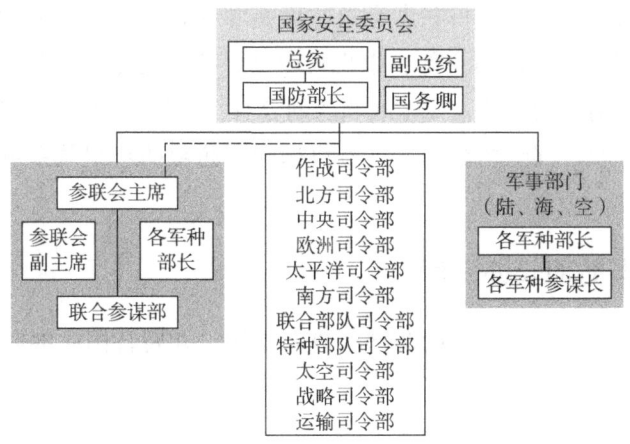

图4-3 美国国家安全组织

资料来源:Raymond E. Sullivan, *Resource allocation: the formal process*. U. S. Navy war college. 2002:108.

行政管理与预算局（The Office of Management and Budget，OMB）是美国联邦政府预算的领导机构。1921 年颁布的《预算与会计法案》规定，行政管理与预算局要协助总统准备年度拨款申请。该法案授权行政管理与预算局进行收集、汇总、修改、减少或增加拨款需求。此外，该法案还授权行政管理与预算局评估部门的活动、运营以及业务。行政管理与预算局对联邦预算程序行使行政部门的管理权，该机构为总统提供预算准备，制定预算、税收、贷款和财政政策。

三、国防部

国防部与国防预算有关的组织机构包括相关国防部行政管理机构，也涉及各种与国防预算有关的相关决策咨询机构。

（一）国防部组织结构

国防部长是美国国防部的最高层，由其直接领导国防部长办公厅以及海军部、陆军部、空军部、参谋长联席会议，还有独立于这几个部门的国防部总监察长办公室。国防部长办公厅是国防部资源管理系统的重要机构，由国防部常务副部长负责主管日常工作，其他副部长分管其他职能部门。国防部包括 20 个国防部业务机构及 8 个现场活动机构。其中海、陆、空三大军种由各军种部部长领导，参谋长联席会议主席是参谋长联席会议的领导。十大作战区按区域划分有非洲司令部、中央司令部、欧洲司令部、北方司令部、太平洋司令部、南方司令部，按作战职能划分有特种作战司令部、战略司令部、运输司令部、联合部队司令部。这些机构和国防部的组织关系可参考图 4-4 所示[①]。

（二）国防部长办公厅

国防部长办公厅是美国国防部的首要机构，在履行国防部职能方面发挥

---

① DoD Directive 5100.1, "Functions of the Department of Defense and Its Major Components", December 21, 2010.

第四章 参与机构

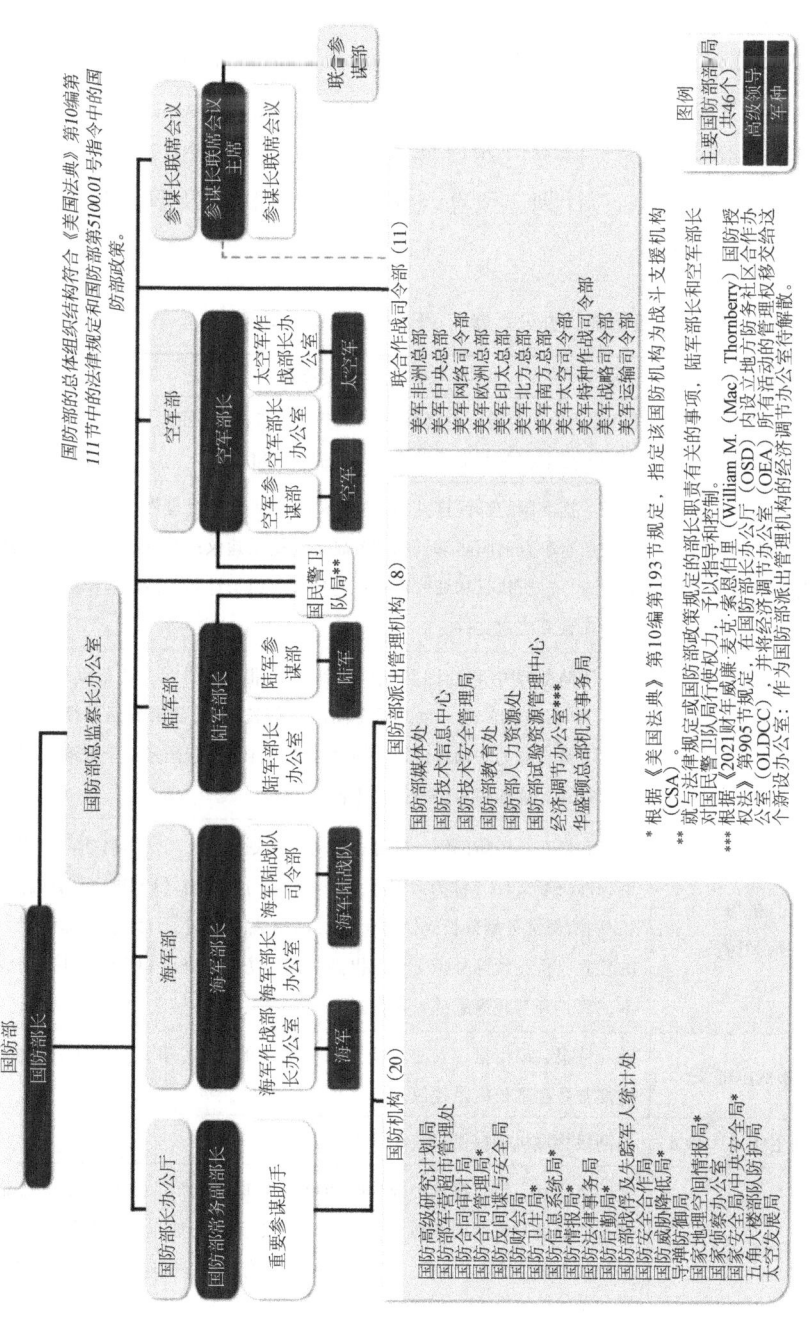

图4-4 美国国防部组织结构图

资料来源：Secretary of defense (Comptroller), *United States Department of Defense Agency Financial Report Fiscal Year 2021*, p. 15.

主要作用，如政策发展、规划、资源管理、财政管理和计划评价等。它包括国防部长和国防部常务副部长、国防部负责政策的副部长、国防研究和工程局局长、国防部长助理、总监察长（general counsel）、成本分析与计划评估局局长、行政和管理主任，还有辅助国防部长执行特定任务的其他机构。

国防部长指令第 7045.14 号（2013 年 1 月 25 日发布，2017 年 8 月 29 日更新）中规定参与规划、计划、预算与执行系统的机构及职责如表 4-1 所示。

表 4-1　　　　　国防部长办公厅参与 PPBE 的机构及职责

组织	主要职责
国防部长 常务副部长	PPBE 的集中政策，由高级审查小组战斗指挥官协助，在流程中有更多机会或发言权对 PPBE 流程进行全面领导和监督。
主计长/ 首席财务官	准备、提交国防部预算并向 OMB 和国会证明其合理性；就与 PPBE 相关的所有事宜向国防部长和常务副部长提供建议；对各部门预算进行预算审查；进行执行和绩效审查；与成本分析与计划评估局局长协调准备并发布预算决定文件。
负责政策的副部长	领导国防部 QDR 包括国防战略的制定、准备、协调、发布规划指南；进行 PPBE 规划阶段；根据需要向国防部长/国防部常务副部长提供计划、方案、能力和预算建议，协调和建议涉及负责国家安全政策外部机构的行动。确保成本分摊的公平性。
成本分析与 计划评估局局长	准备和发布：国防部财务指导；国防部规划指南；与首席财务官协调的纲领性决策文件（称为 RMD）；未来年度防务计划（FYDP）；向国防部长/国防部常务副部长提供与国防目标相关的规划、计划、预算和能力的独立分析；领导分析工作，提供《四年防务审查》（QDR）计划的成本估算，并与政策副部长协商。
负责情报的副部长	就与情报、反情报、安全、敏感活动相关的 PPBE 事宜向国防部长/国防部常务副部长提供建议。
行政和管理主任（DA&M）	向高级管理机构提供行政和管理支持。
首席信息官	就网络投资、信息技术资源分配和投资决策向国防部长/国防部常务副部长、负责政策的副部长、主计长/首席财务官、成本分析与计划评估局局长和负责采办、测试和后勤的国防部副部长提供建议。参与《四年防务审查》（QDR）流程和年度计划评审。

资料来源：DOD, DODD 7045.14, *The Planning, Programming, Budgeting, and Execution* (*PPBE*)

Process, August 29, 2017, at https：//www.esd.whs.mil/Portals/54/Documents/DD/issuances/dodd/704514p.pdf.

（三）决策咨询机构

美国国防部有许多决策咨询机构为国防部长提供咨询和提出决策建议。PPBE 实行过程中的很多决策节点都由这些决策咨询机构进行评估和审查，这些决策咨询机构也是按其职能设立的，同时也有不同层级，其机构成员来自所涉职能的各业务部门。这里重点介绍涉及计划和预算审查的决策咨询机构（见图 4-5）。

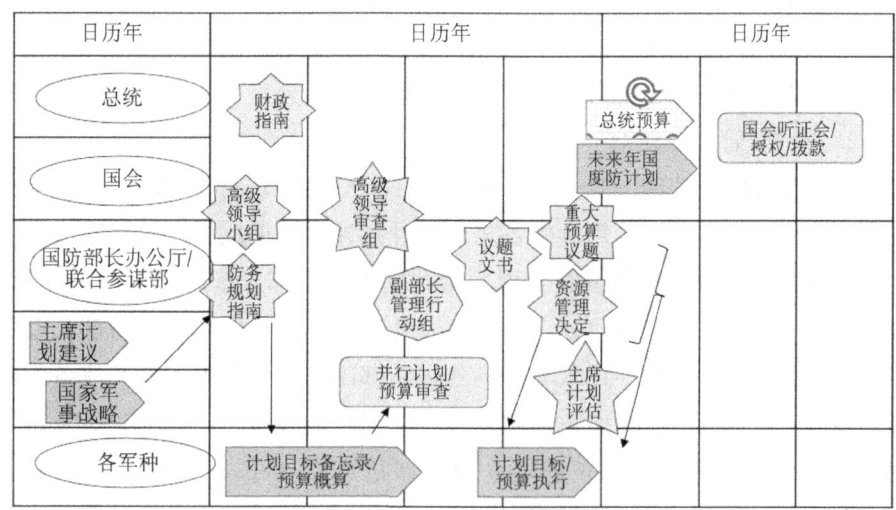

图 4-5　国防部评估、决策组织

资料来源：Army Planning, Programming, Budgeting, and Execution Process, in *How the Army Runs: A Senior Leader Reference Handbook*（2015-2016）. 2015. Figure 8-5.

1. 高级领导审查组

高级领导审查组（Senior Leader Review Group，SLRG）是帮助国防部长（SECDEF）和国防部常务副部长（DEPSECDEF）关于主要计划决策提供建议的高级决策咨询组织，由国防部长担任主席，参联会主席担任副主席。机构主要成员主要来自国防部长办公厅、联合参谋部及各军种部。其中国防部长办公厅的成员有：国防部常务副部长，国防部副部长（主计长，USD（C）），负责政策的国防部副部长（USD（P）），负责采购、技术与后勤的国防部副部长（USD（AT&L）），负责人力及战备的国防部副部长（USD（P&R）），负责情报的国防部副部长（USD（I）），成本分析与计划评估局局长，负责法律、公共事务及网络信息一体化的国防部长助理及各战区作战司令。来自联合参谋部（JS）和各军种部队的成员，包括参联会主席、参联会副主席、联合参谋部主任、军种部部长、国民警卫局局长[①]。

高级领导审查组的职能主要是为规划阶段提供指导，评估计划的优先次序，考察资源决策在基本成本、计划进度和主要计划绩效方面的效果，有助于把具体计划和军力的资源分配与国家政策连接起来。除此之外，该审查组还负责计划审查和预算审查。成本分析与计划评估局局长负责高级领导审查组的常务工作，主要负责计划审查过程和情报审查，同时也负责管理议题文件（IPs）的呈递，有助于把那些难以满足各军种部队作战需求的计划及存在问题形成正式议题并反映到国防部长计划决议中。

2. 副部长管理行动组

副部长管理行动组（Deputy's Management Action Group，DMAG）参与计划审查过程，对来自《计划目标备忘录》计划评估后形成的议题提案进行评论。国防部常务副部长和参联会副主席共同出任副部长管理行动组的主席，成员来自国防部长办公厅、联合参谋部及各军种部。其中来自国防部长办公厅的成员有：负责采购、技术与后勤的国防部副部长，负责人力及战备的国防部副部长，负责情报的国防部副部长，负责政策的国防部副部长以及负责网络信息一体化的国防部长助理（或首席信息官（chief information officer，CIO）），成本分析与计划评估局局长及第一副局长，负责法律事务的国防部长助理及总法律顾问。来自联合参谋部和各军种部的成员有：各军种部副部长，参联会副主席，联合参谋部主任，联合参谋部负责部队结构、资源及评估（J-8）的副主任，联合参谋部负责战略计划政策（J-5）的副主任以及国民警卫局局长、美国特种部队副司令、各作战区作战司令或副司令。

副部长管理行动组日常每周进行一次会晤，主要商讨一些持续性和周期性的主题。包括能力组合发展及管理、国防规划情境设定及相关分析、计划和预算审查以及来自国防部长办公厅成员及其他参与者的议题提案、战略和政策发展，也包括周期性审查、战区和组织职能面临的挑战及转型研究。

[①] Army Planning, Programming, Budgeting, and Execution Process, in *How the Army Runs: A Senior Leader Reference Handbook* (2015–2016). 2015. p. 8-5.

3. 国防部长高级领导理事会

国防部长高级领导理事会（Secretary's Senior Leadership Council，SSLC）是国防部资源管理系统的高级信息交流组织，由国防部长担任主席。理事会成员由副部长管理行动小组（DMAG）成员及各战区的作战司令（Combatant Commander，CCDRs）组成。

4. 三星组

三星组（3-star group）由国防部长办公厅内三星级计划分析师组成，在计划阶段的《计划目标备忘录》审查过程中分析重大问题和形成备选方案，其形成的建议会提供高级领导审查组（SLRG）供考虑。三星组主席由成本分析与计划评估局局长担任，其成员主要来自国防部长办公厅、联合参谋部和各军种。国防部长办公厅的成员有：负责财务、政策、情报、采办、技术与后勤的各国防部副部长帮办，负责部队管理、公共事务、预备役事务的部长助理，负责网络信息一体化的部长助理，以及作战试验与评估局局长和特种作战部队副司令。来自联合参谋部的人员主要是负责部队结构、资源与评估（J-8）的副主任。来自各军种部的成员有陆军副参谋长、海军作战部副部长、海军陆战队副司令、空军副参谋长。

四、参谋长联席会议

美军参谋长联席会议由主席、副主席、陆军参谋长、海军作战部长、空军参谋长和海军陆战队司令6人组成，既是美国总统、国家安全委员会、国防部长领导军事工作的咨询机构，又是总统、国防部长对军队实施作战指挥的执行机构。

（一）参谋长联席会议主席

作为总统、国防部长和国家安全委员会的主要军事顾问，美军参联会主席提供战略规划、方向，提出有关经作战司令和国民警卫局局长确认的需求、计划和预算优先次序的建议，在这些方面协助总统和国防部长。

1. 战略规划

参谋长联席会议主席就武装部队实现国家安全目标的战略方向提供建议，

准备并向国防部长提交《国家军事战略》。准备战略规划,也包括在规划有效期内可获得资源水平的计划。评估美国及盟国武装部队的能力,准备联合后勤及机动计划,以支持这些战略规划,并建议武装部队的责任分配。

2. 应急规划

参谋长联席会议主席为准备和审查符合总统和国防部长指南的应急规划而提供条件。对武装部队后勤和机动方面,准备和审查得到后勤和机动规划支持的应急规划及其建议。同时对武装部队能力,包括人力资源、后勤和机动支援等能力的关键缺陷和优势,向国防部长提出建议。另外,参联会主席会建立和维持统一系统,用来鉴定各作战司令部执行任务的准备程度。

3. 对需求、计划和预算建议

参谋长联席会议主席对联合作战司令部和特种作战司令部指挥官确认的优先事项,向国防部长提出建议。就军种部和其他国防部组成部门的计划建议和预算草案与战略规划确定的优先事项符合程度,还有作战司令部和国民警卫队确定的优先事项的符合程度,向国防部长提出建议。根据国防部长提供的指南和预计的资源水平,参联会主席要提交关于作战司令部指挥官的备选计划建议及预算草案。主席要审查战略规划指南和计划指南草案,并向国防部长提交建议。参联会主席准备并提交的文件有:《主席计划建议》(CPR),提供主席对发布规划和计划指南的个人建议;《主席计划评估》(CPA),提供主席对通过计划/预算过程来改进国防规划和预算的替代计划建议和预算提案的评价;《主席风险评估》(CRA)在风险涉及作战司令部指挥官执行任务的能力和军种以现有部队提供支援的能力时候,提供风险评价。

此外,作为国防部长小组会议的成员,参谋长联席会议主席需就"重大预算问题"提出建议,与国防部长和国防部常务副部长讨论作战司令部在"规划、计划、预算与执行"方面的问题并提出建议。

图 4-6 显示参谋长联席会议主席影响 PPBE 过程每个阶段重要文件的过程。

第四章 参与机构

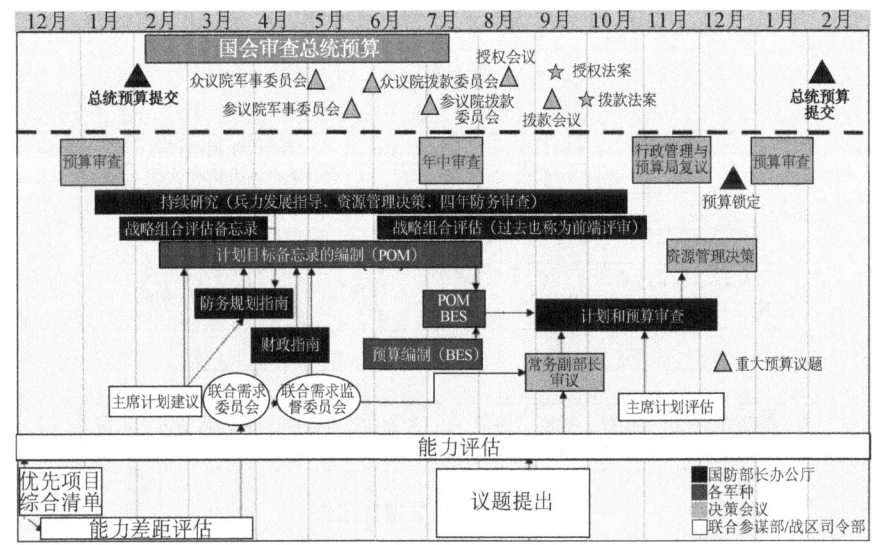

图 4-6 参联会主席参与 PPBE 过程

资料来源：CJCSI 8501.01B, *Chairman of the joint chiefs of instruction*, enclosure B. 21 August, 2012.

（二）联合参谋部

参谋长联席会议是由主席、副主席构成，为总统及国防部长提供军事方面的建议。其下属机构是联合参谋部主任、监察长及参谋长联席会议的各机构。联合参谋部机构有：人力资源与人事部（J-1）、情报部（J-2）、作战部（J-3）、后勤部（J-4）、战略规划与政策部（J-5），指挥、控制、通讯与计算机系统部（J-6），作战计划与联合部队发展部（J-7），部队结构、资源及评估部（J-8）（见图 4-7）。

部队结构、资源与评估部（J-8）是参谋长联席会议主席"规划、计划、预算与执行"过程的重点，也是作战司令部、国民警卫局和国防部长办公厅在相关事项上的主要联系部门。这个部门的活动包括但不限于：代表参谋长联席会议主席参与年度项目审查和预算审查；分析作战司令部的"综合优先项目清单"（IPL）和国民警卫局局长"能力差距评估"的输入，并向参谋长联席会议主席报告作战司令部指挥官最关注的问题以及所有司令部共同关注的问题。另外，制定财政约束的战略、军事选择及净评估和风险评估，对替代资源水平的权衡分析。

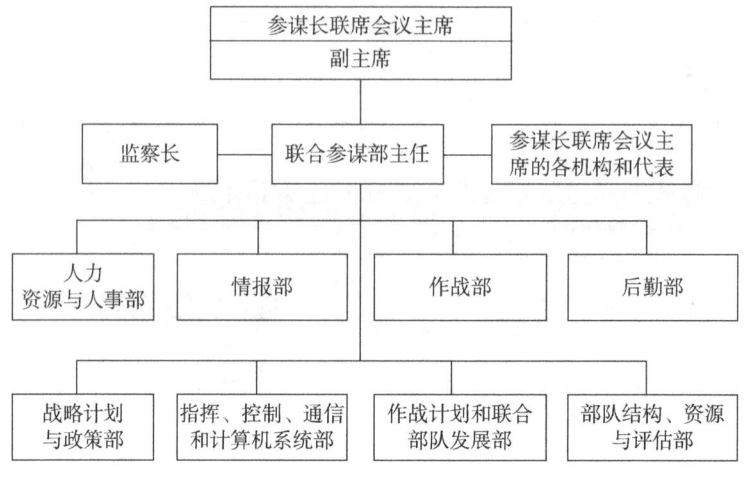

图4-7 联合参谋部组织

资料来源：CJCSI 8501.01B, *Chairman of the joint chiefs of instruction*, enclosure B. 21 August, 2012.

五、军种部门

根据《美国法典》，各军种部长对各自部门的一切事务负责，且有相应的权力处理一切事物，包括招募、组织、供给、装备、训练、服务、动员、复原、管理、维护、军事装备的建设、配备及维修、房屋、结构和设施的建造、维护与维修，以及不动产的收购和在不动产方面应有的利益。

海军部总部层级主要是由海军部部长及副部长构成，其中就包括负责财务管理的助理部长（主计长）。海军作战职能方面由海军作战部长和海军陆战队司令来承担，海军作战部长和海军陆战队分别下设作战部的各种部门和机构来参与规划、计划、预算和执行系统，海军资源配置程序的核心是海军作战部的两大机构，即作战需求和计划局（N7），及资源、需求和评估局（N8）。海军预算办公室官方正式称为财务管理和预算（FMB）办公室，是海军部的中央预算办公室，它承担为海军和海军陆战队准备预算的职责。海军预算办公室是海军负责财务管理的助理部长和主计长（ASN/FM&C）办公室的一部分，目标是将两个兵种的战略需求与国防部长战略规划和指导融合在一起，产生海军部长预算概算（BES）。

空军总部层级主要由空军部长和空军副部长构成，下设负责财务管理的助理部长（主计长）。空军预算办公室辅助空军助理部长，其目标是通过将计划需求转化为批准的预算估计，获得资金，保障空军的任务。空军预算办公室由预算投资部（FMBI）、预算和拨款联络部（FMBL）、预算管理和执行部（FMBM）、预算运营部（FMBO）和预算项目部（FMBP）组成，空军预算办公室依靠这些部门来帮助制订和执行预算估计。

在陆军总部层级，陆军部长通过部长办公室履行各自指定职能，监督规划、计划、预算和执行程序的运作，并提供相关的政策与指导。这些成员包括陆军负责财务管理与审计的助理部长，作为顾问的主管作战、民事与训练的副参谋长，主管现代化的副参谋长（G-8）。陆军部长主要通过负责后勤采办与技术的助理部长、负责人力与预备役事务的助理部长、负责设施与环境的助理部长、部长行政助理、首席信息官/主管通信的副参谋长、主管人事的副参谋长、主管情报与信息战的副参谋长、主管后勤的副参谋长、主管军事设施的参谋长助理、工兵主任、军医局局长、国民警卫队局局长、陆军后备队局局长等部门主管，完成与具体的规划、计划、预算与执行工作相关的任务。

六、作战司令

在"规划、计划、预算与执行"过程的所有四个阶段中，作战司令都有机会提供输入和意见，以确保获得部队、装备和支援的最佳组合[①]。

规划阶段：

（1）在起草国家军事战略，"联合战略能力规划"（JSCP）和进行净评估[②]时，向参谋长联席会议主席提供输入。

（2）协助起草《参谋长联席会议主席风险评估》，向参谋长联席会议主席提供输入。

---

① CJCSI 8501.01B, "chairman of the joint chiefs of instruction", enclouse A. 21 August, 2012.

② 联合净评估是所有在联合参谋部（joint staff）内进行的评估以及联合战略规划系统之外开支的评估总和。通常，联合净评估是利用联合战略评估和联合作战能力评估程序，从总体上评估当前及未来国际安全目标、战略规划和潜在对手有关的军事能力。

(3) 在国防部长批准规划和计划指南的最终稿之前进行审查和评论,以考虑政策、战略、兵力和资源规划指南的适当性。

(4) 向联合参谋部提供作战司令部能力需求、过剩以及对平衡任务和可用资源导致风险的评估等方面的输入。

计划阶段：

(1) 按各个军种指明的时间,向其军种组成部队或这些部队所属的,负责将作战司令部给各相应军种部《计划目标备忘录》输入的司令部提供优先排序的拨款需求。

(2) 根据参谋长联席会议主席的命令,按联合参谋部指明的时间和方式,准备和提交"优先项目综合清单"(IPL)。"优先项目综合清单"可能包括但不限于,在整个军种和职能线之内优先考虑的高优先级能力需求,风险领域以及长期的战略规划问题。

(3) 适当时,在年度计划/预算审查(PBR)过程中及参与计划和预算审议时,通过参谋长联席会议主席独立提交讨论事项文件(根据国防部长办公室的成本分析与计划评估指南)。

预算阶段：

(1) 向组成部队、责任司令部和军种部提交包括在总统预算提案中活动的预算草案。这些活动可能包括：联合演习、部队训练、紧急情况、选择的行动。

(2) 除上述各款外,美国特种作战司令部的预算草案应包括开发和采购特种作战专用装备以及采购特种作战行动专用的其他器材、补给品和服务的拨款请求。

(3) 评估"资源管理决策"(RMD)的作战影响并向国防部长和参谋长联席会议主席提供相应的意见。

(4) 在年度预算审查过程中和适当时,独立向国防部长和参谋长联席会议主席提出"资源管理决策"和"重大预算议题"方面的问题。

执行阶段：

(1) 按规定,准备并向国防部长和参谋长联席会议主席提交作战司令部季度报告。

(2) 按规定,以军种组成部队或其负责年度拨款的司令部指明的时间和方式,提供年度中期评估和给国会的追加需求。

第五章 运行阶段

规划、计划、预算与执行系统由四个顺序阶段组成,同时这些阶段又相互重叠,每个后续阶段会在前一阶段结束之前开始。该系统是个由日历驱动过程,同时在该过程内部也包含持续和由事件驱动的组织结构。

一、规划阶段

制定战略规划前提是确定阻止和击败威胁所需的能力,如果存在能力差距就需要进行战略的更新和调整,并定义随后计划阶段的国防政策、目标、战略及资源和军力需求指南以满足能力和目标需求。该阶段的重点是关注威胁和能力,也就是国家层面面临哪些威胁,国防方面是否具备应对这些威胁的能力,存在的能力差距等,然后对战略不断更新并为下一阶段的计划和预算提供战略指南。

(一)战略指南

规划阶段的文件按所属层级可分为三大类:国家层次,国防部层次和联合机构层次。这些文件是有层级顺序的,由最高层级制定的战略会对其他战略有指导意义(见图5-1)。

1. 国家安全战略

《国家安全战略》(National Security Strategy,NSS)是美国政府行政部门定期为美国国会准备的文件,在文件中主要罗列美国国家安全方面的担忧及行政机构计划如何应对的办法。其法律基础来自1986年的《戈德华特-尼克尔

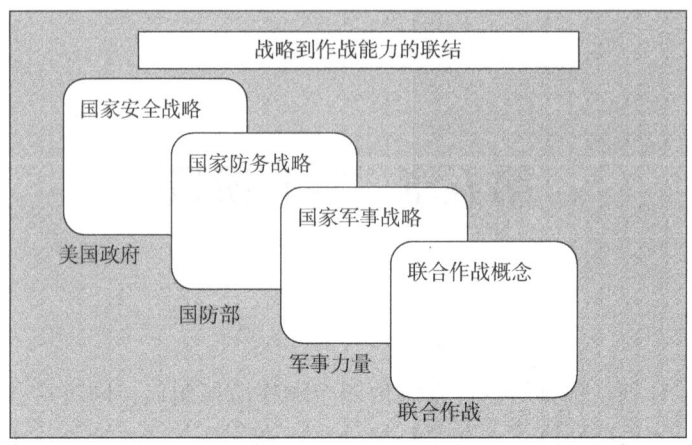

图 5-1　规划阶段文件

资料来源：Candreva P J., *National defense budgeting and financial management: Policy & practice*. IAP, 2017：

斯法案》①。《国家安全战略》中列出了美国的长久利益：美国、美国公民、美国盟友和其合作伙伴的安全；在开放国际经济体系中强大、创新和不断增长的美国经济，促进机会和繁荣；在国内和世界各地尊重普遍价值观；美国领导下的国际秩序，促进和平、安全，通过加强合作来应对全球挑战的机会。

《国家安全战略》列出一般内容，它的实现有赖于其他支撑文件（包括国家军事战略）的详细指南。在识别作战人员支持国家安全战略和国防战略方面所需能力方面，联合能力集成和开发系统（JCIDS）与规划、计划、预算和执行系统（PPBE）扮演着重要角色。

2. 国防战略

《国家防务战略》（National Defense Strategy，NDS）或《国防战略》是美国经过长期努力制定的国防部层级文件。它上承《国家安全战略》，下传《国家军事战略》，并为其他国防部战略指南提供框架、特殊行动和应急计划、军力发展和培训。《国防战略》也反映《四年防务审查》（QDR）的结果和从伊

---

① 1986 年国防部重组行动（里根总统签署）是对美国国防部自 1947 年国家安全战略确立以来做出的重大变革，通过调整美国军队的指挥部结构，增加了联合参谋部主席的权利，实行了一些在 1985 年由时任总统罗纳德·里根委托的帕卡德委员会的建议。《戈德华特-尼克尔斯法案》细化了军事指挥系统，现在总统通过国防部长直接指挥作战指挥官（CCDRs，所有的四星将军或海军上将），绕过军种机构主管。军种主管被分配给总统和国防部长当顾问角色，也受托为联合司令部负责训练作战和装备人员。

拉克、阿富汗和其他地方得到的教训。会显示美国军队会如何战斗，赢得美国战争和如何与伙伴国家，为提高安全，在国际环境中寻求避免冲突、塑造地位的机会。

四年防务审查

《四年防务审查》（Quadrennial Defense Review，QDR）由美国国防部长办公厅和联合参谋部共同合作进行，并有各军种与作战司令部广泛参与。该报告包括全球安全环境、国防战略和防务态势等审查结果。报告主要内容提出《四年防务审查》的程序、评估与建议，对国防资源配置程序的所有方面都有重大影响。该报告每四年发布一次。2015年后改名为《防务战略审查》（Defense Strategy Review，DSR）。

美国国防部在国防战略中提出关键目标，比如反恐和非常规战争，阻止和击败侵略，应对大规模杀伤性武器，在网络空间和太空有效运作，维持安全、可靠、有效的核威慑力量，保卫本土和为国内机构提供支持，提供稳定的环境，进行稳定性和反叛乱行动，进行人道主义救灾和其他操作等。

国防战略主要用于指导规划、计划、预算与执行系统制定的目标计划、军力结构、武装现代化、操作流程、基础设施保障和所需的资源（资金和人力）。

3. 军事战略

《国家军事战略》（National Military Strategy，NMS）是美国参联会主席与参联会其他成员、各军种以及各作战司令协商，就美国武装部队的战略方向向国家指挥当局提供的建议和协助。《国家军事战略》不仅阐述了美国军事能力如何支持《国家安全战略》目标，而且描述了战略环境，确定了国家军事目标，概述了实现这些目标的战略，并提供了执行该战略所需的军事能力。《国家军事战略》为制定《联合战略能力规划》和《联合规划文件》提供了战略方向，并帮助国防部长准备《防务规划指南》（DPG）。

4. 规划指南

《防务规划指南》（Defense Planning Guidance，DPG）的起草和制定发布过程，是规划阶段的重点。国防部负责政策的副部长和成本分析与计划评估局局长（CAPE）领导起草《防务规划指南》。国防资源委员会（DRB）（后改为高级领导审查小组，SLRG）监督起草过程，直到最终版发布。《防务规划指南》起草的基础是国防政策的评估和审查，而这些评估和审查首先以《国家安全战略》为目标，结合联合战略规划系统评估程序及其制定的战略方向，包括《联合构想》和《国家军事战略》，同时该评估也建立在过去《四年防务审查》、《防务战略指南》和《计划决定备忘录》（PDM）基础上，这些因素共同决定了是否需要调整和改进，并起草新的《防务规划指南》。

（二）战略评估

国防部负责政策的副部长（USD（P））是规划、计划、预算与执行系统（PPBE）过程中第一阶段的官方领导，该过程由参联会主席（the chairman of the joint chiefs of staff，CJCS）、各军种部长（service staff）及作战司令（CO-COMs）共同参与完成。

1. 国防政策评估

国防政策评估是以联合战略规划系统（the joint strategic planning system，JSPS）为基础的，该系统为国防部所有规划提供战略基础。联合战略规划系统是参联会主席用来系统研究国家安全环境和美国国家安全目标的规划系统。该系统负责评估威胁、机遇与风险，并使用这些评估结果评价现行战略，现有或拟议的计划和预算。该系统成果通过参联会主席规划和计划建议，以《联合规划文件》（JPD）和《参联会主席计划建议书》的形式从联合战略规划系统进入到规划、计划、预算和执行系统。当然这两个系统的目的都是为了影响国防部长制定《防务规划指南》。联合战略规划系统的战略构想、国家军事战略和武装部队需求都被转化成了规划、计划、预算和执行系统的预算需求。图5-2表明了联合战略规划系统和规划、计划、预算和执行系统之间的相互作用。联合战略规划系统代表了规划、计划、预算和执行系统中"规划"的重要部分。

联合战略规划系统程序的结果是：在资源有限环境下，以能接受的风险水平形成实现国家安全目标所需的军事战略、武装力量和计划[1]。联合战略规

---

[1] Chairman of the Joint Chiefs of Staff（CJCS），*Joint Strategic Planning System*，CJCSI 3100.01A（Washington，DC：1 September1999，http：//www.dtic.mil/doctrine/jel/cjcsd/cjcsi/3100_01a.pdf）. 《参联会主席指令3100.01：联合战略规划》（以前称为MOP7）提供了关于联合战略规划系统的联合政策和指南，描述了联合战略规划系统的责任和职能。

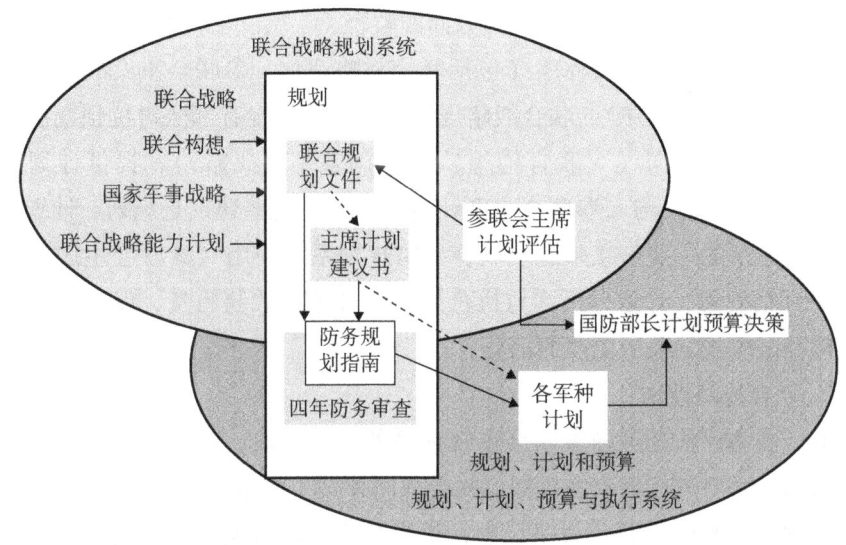

图 5-2 联合战略规划系统与 PPBE 的关系

资料来源：Sullivan R E., *Resource allocation*: *The formal process*. National Security Decision Making Department, US Naval War College, 2002: p. 36.

划系统包括战略评估、战略方向、战略规划与计划建议四个方面。战略评估是该系统的核心，也是制定其他战略的基础。联合战略规划系统的评估通过联合净评估（joint net assessment，JNA）程序进行实施和强化[1]。

联合净评估是所有在联合参谋部（joint staff）内进行的评估以及联合战略规划系统之外开支的评估总和。通常，联合净评估是利用联合战略评估和联合作战能力评估程序，从总体上评估当前及未来国际安全目标、战略规划和潜在对手有关的军事能力。联合净评估程序是不断吸收大量不同的信息，为评估与备选战略和武装力量结构有关的风险提供了基础。这些信息来源于参联会、各作战司令部、各军种和国防部各业务局实施的军事演习、仿真和研究。净评估至少每四年出版一次，与国防部长《四年防务审查》（QDR）保持一致。安全环境的重大变化、正在出现的威胁或国家指挥当局的命令等会引发额外的净评估。它也对未来战略方向、战略规划与计划建议产生提供

---

[1] 联合净评估是个总评估程序包，包括联合战略评估（the Joint Strategy Review（JSR）），主席战备系统（the Chairman's Readiness System（CRS））和联合作战能力评估（Joint Warfighting Capabilities Assessment，JWCA）的评估成果（该程序支持联合战略规划系统评估成果并与其紧密协调）。

了基础，促进联合战略规划系统各方面的整合。

通过使用联合净评估程序（包括联合战略评估、参联会主席战备系统与联合作战能力评估程序），联合战略规划系统评估用现有部队对抗预期威胁的风险，制定战略方向（《联合构想》和《国家军事战略》），提供计划建议（《联合规划文件》与《参联会主席计划建议》），这些建议是规划、计划、预算与执行系统的主要信息来源。联合战略规划系统使用《参联会主席计划建议》来评估规划、计划、预算与执行系统中规划的武装力量，以帮助制定军事战略与战略规划随后更改的部分。

2. 联合战略评估

联合战略评估是美国参联会审视环境的重要手段，是为了发现那些表明军事战略有必要进行修改的指标。联合战略评估主要审查以下几方面：当前、即将出现及未来的威胁，战略设想，机遇，技术，组织结构，条令概念，武装力量结构，军事任务及资源约束。联合战略评估的结果会对《国家军事战略》（NMS）和《联合构想》（Joint Vision）变化提供建议，也会影响《国家安全战略》（NSS）和《联合规划文件》（Joint Planning document，JPD）的制定。

参联会主席战备系统（chairman's readiness system，CRS）协助参联会主席完成《美国法典》第10卷规定的评估军队战备的职责。各系统由作战司令、各军种与各战斗保障机构（combat support agencies，CSA）评估，旨在为国防部领导提供现行宏观层次的军队战备评估，来满足国家军事战略要求。联合月度战备评估（joint monthly readiness review，JMRR）是参联会主席战备系统的核心组成部分，并为参联会主席提供对战术、战役和战略水平所作当前军事战备的综合性评估。参联会副主席负责联合月度战备评估，各军种部副部长、联合参谋部各部长、作战司令部联络军官、战斗保障局局长及负责战备的国防部副部长帮办参与联合月度战备评估[1]。

3. 联合作战能力评估

联合作战能力评估程序是联合战略规划系统整个战略评估方面的另一重要来源。图5-3表明了各联合作战能力评估小组评估的现行作战任务与保障领域，也描述了每个任务与保障区评估的主办方与参与方的构成。

---

[1] CJCS, chairman's readiness system, CJCSI 3401.01B CH-1 (Washington, DC: 19 June 2000, http://www.dtic.mil/doctrine/jel/cjcsd/cjcsi/3401_01b.pdf). 该参联会主席指南明确了评估和报告美国部队联合月度战备评估当前情况的一般规则和程序。

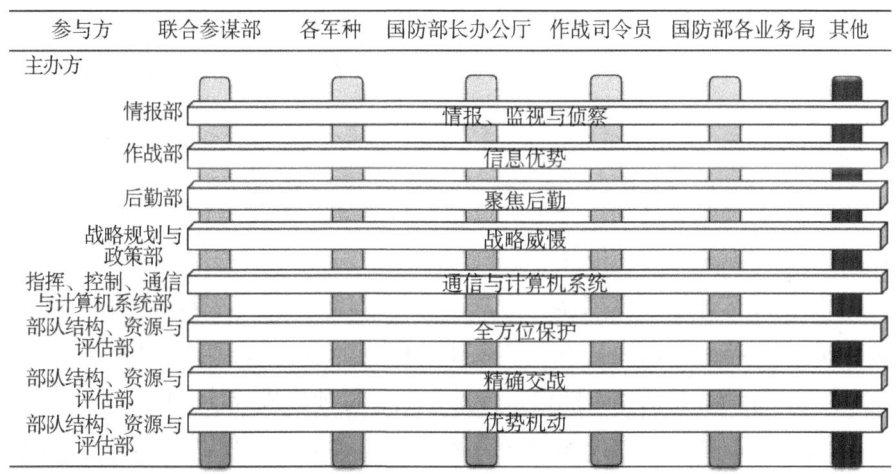

图 5-3 联合作战能力域、主办方、参与方

资料来源：Sullivan R E., *Resource allocation*: *The formal process*. National Security Decision Making Department, US Naval War College, 2002: p. 15.

情报、监视与侦察：评估情报、监视与侦察为满足联合部队司令信息需求的任务分配、收集、处理、开发和宣传能力，从而获得并维持全方位优势。情报、监视与侦察还在《联合构想》的核心动力—信息优势中起着主导作用。同样，情报、监视与侦察联合作战能力评估将完全被纳入检验精确作战、优势机动、全方位防护与聚焦后勤所需能力的联合作战能力评估中。

信息优势：评估使联合军事力量获得并维持信息优势的能力，从而获得运用指挥与控制功能及全方位军事活动信息站的决策优势。通过整合指挥与控制、信息站、情报、监视与侦察、通讯和计算机环境，信息优势使优势机动、精确作战、立体保护、聚焦后勤和战略威慑充分发挥潜能。

聚焦后勤：评估在整个军事活动范围内，按正确地点，按时、按量，为联合部队提供所需人员、装备和物资的能力，该项能力是《2020年联合构想》的一部分。通过后勤转型，有效地将所有后勤功能联结起来，实现联合战区后勤管理、灵活的基础架构、跨国后勤和信息融合。

战略威慑：评估制止潜在敌人对美国或盟国利益采取恶意行动的作战需求和能力。包括可靠的核部队和常规部队、大规模杀伤性武器反扩散能力、军事作战活动及美国前沿部队和已部署部队的态势。

通信和计算机环境：评估联合体系结构和计划需求，以及联合作战人员在全球信息网络内运输、控制、管理、保护、防御和加工信息的能力，从而确保协同合作和一体化，并与《2020年联合构想》的信息环境目标保持一致。

全方位防护：评估联合作战能力，从而保护联合部队人员和果断执行分配任务所需的资产。这些任务是通过精心挑选和在风险可接受的军事行动范围内采用多层面积极和消极的措施来执行的。

精确作战：评估集传感器、传送系统和效应三者于一身的军事行动。它包括从动力武器到非动力武器，从致死效应到非致死效应以及从和平时期到战争时期的行动。其活动可能包括传统作战、特种作战或信息作战部队。

优势机动：评估通过按比例调节部队和聚集部队是使联合部队获得决定性速度和灵活优势的能力，以及通过信息、计策、作战、机动和反机动能力的运用获得致命打击效应优势的能力。

联合作战能力评估团队的任务是使联合需求监督委员会充当未来联合部队的缔造者，其帮助联合需求监督委员会找到实现2020年及其以后联合构想的途径，并支持参联会主席履行《美国法典》第10卷的职责。联合作战能力评估团队的关注点和优先项目出自联合需求监督委员会《参联会主席指南》。联合需求监督委员会在联合审查委员会的协助下监督联合作战能力评估程序。

该年度周期性程序为美国参联会主席制定《参联会主席计划建议》和《参联会主席计划评估》提供重要的评估，因为这两份文件支持美国国防部长制定《防务规划指南》并评估各军种《计划目标备忘录》，所以联合作战能力评估程度的进度和规划、计划、预算和执行系统有关。参联会主席使用大量评估仔细审查联合战略规划系统的各要素。联合战略规划集中在战略的制定，参联会主席战备系统集中在战备缺陷的评估，而联合作战能力评估程序则集中在能力上，他们共同促进有效的战略规划。联合净评估程序则是由一整套评价构成。

总体看，规划阶段开始于国防政策的评估，评估的基础是联合战略规划系统（JSPS, the joint strategic planning system）的信息，由国防部长（SECDEF）审查来自联合战略规划系统的信息，及实际来自国防部各业务机构的信息，从而决定为支持战略是否需要对当前国防战略和国防部计划进行调整。执行国防战略所需的战略及重要规划和计划优先项目构成了《防务规划指南》（DPG），该指南是针对制定计划（计划目标备忘录）的各军种和国防部业务局的。《防务规划指南》的发布标志规划阶段结束。

(三) 规划程序

规划阶段整个过程从总统和国家安全委员会（National Security Council）及其他情报机关和部门共同制定《国家安全战略》开始，然后由国防部长签署《国防战略》（NDS）提出战略目标。由联合参谋部（Joint Staff）准备并由参谋长联席会议主席（CJCS）签署《国家军事战略》（NMS），该文件表达了参联会主席在战略方向上对联合部队的指示。这三个战略指南的战略都要体现到《四年防务审查》中，后改名为《防务战略审查》（Defense Strategy Review，DSR）[①]，国防部每四年发布一次防务战略审查。结合防务审查的指导，国防部长会发布规划阶段最重要的文件《防务规划指南》。在该过程中，参联会主席还发挥重要作用，结合联合作战能力评估结果，这些结果都接受各作战司令和各军种的审查。在此基础上提出《参联会主席计划建议》（CPR），该计划建议会影响到《防务规划指南》内容，主要是吸收来自联合参谋部的作战规划建议和调整方向。

规划、计划、预算与执行系统自2003年拉姆斯菲尔德改革后预算定义两年一次的预算过程。以前每年发布的《防务规划指南》现在变成两年发布一次，目的是在一个四年的总统执政期内有两个两年期循环。每两年一轮的偶数年，国防部长办公厅会发布《防务规划指南》（DPG）[②]。两年期中奇数年，不发布或修改战略规划指南，只关注执行和长期（6—20年）战略规划。

这个阶段从第一年的2月至5月进行，可以持续到第二年的2月至5月。在四年循环中，这两轮的两年期循环，每一轮两年循环开始日期是交替更迭。比如第一轮两年期的偶数年从2月开始到下一年（奇数年）的4月，持续15个月。第二轮的两年期的偶数年（也是四年循环的第三年）从3月开始到下一年（奇数年）的5月，持续16个月。由于规划阶段制定都是长期规划，一般没有特别严格的时间进度要求（见图5-4）。

---

① 防务战略审查（DSR）是由四年防务审查（Quadrennial Defense Review，QDR）更名后的形式，在2016财年开始生效，见2014年12月14日国防部副部长备忘录）。

② DPG也是DPPG，2011年DPPG更名为DPG。2010年国防部长卡特确立了一个单独文件，《国防规划计划指南》（defense planning &programming guidance，DPPG）用于指导各军种编制《计划目标备忘录》。出自"how the army runs 2013—2014" chapter 9：p.9-3.

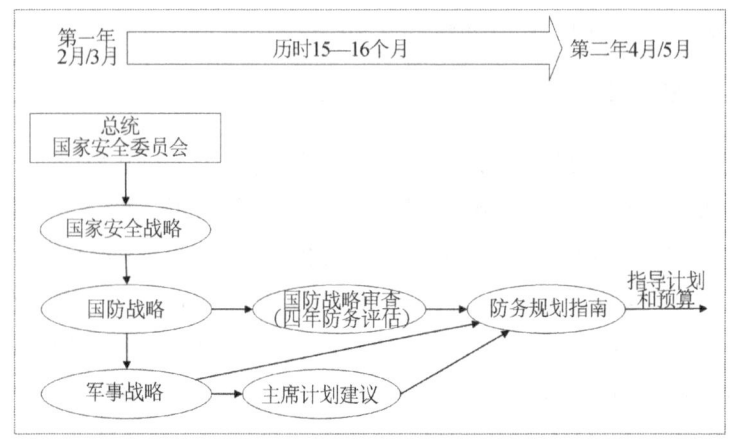

图 5-4 规划阶段

资料来源：Parker W., *Defense Acquisition University program managers tool kit*. DEFENSE ACQUISITION UNIV FT BELVOIR VA, 2011: p. 20.

二、计划阶段

计划阶段是 PPBE 过程的第二个阶段，计划阶段主要是把财政约束条件与规划阶段美国国防部制定的战略构想相结合，把战略指导转化为具体行动计划，平衡各规划之间的资源分配，该过程实现就是把各种规划分解成众多计划项目，并把这些计划排列出优先次序，同时还要确定计划的财政资源的可承受性。

《防务规划指南》（Defense Planning Guidance，DPG）的发布表示规划、计划、预算和执行系统规划阶段的结束以及计划阶段的开始。计划阶段主要有两大部分，计划编制及计划审查。计划编制过程包括《计划目标备忘录》（Program Objective Memorandum，POM）的制定，以及将这些备忘录整合成一致的国防计划，从而支持作战司令的作战需求。计划审查主要对各军种和国防部各业务局提交的《计划目标备忘录》进行审查，评估是否与《防务规划指南》保持一致。

（一）计划编制

计划阶段的目的是由国防部长办公厅为各军种部门及各业务机构汇总编制并发布综合《计划目标备忘录》（POM），以表明他们应在六年时期里内如何分配资源。《计划目标备忘录》制定需要要求各军种考虑的众多问题，包括在制定过程中必须重视作战司令（CINC）在发展过程中提出的无财政约束的上无限制的综合优先排序清单（IPL）中约定的计划集合优先级列表。《计划目标备忘录》也必须服从《防务规划指南》指导给出的指导意见，并在颁布的财政预算范围约束（如每年由军方颁布的预算授权总额中部门的总指定授权）下运作内操作。由于2003年改革后国防部的预算周期曾经是两年一次，在此期间《计划目标备忘录》一般在每个偶数日历年提出制定，但国会仅按年度授权并拨付资金，这就要求在奇数日历年更新《计划目标备忘录》。

各军种都有自己方式挑选计划，并选择那些资金完全到位、资金部分到位、延缓或取消的计划。《计划目标备忘录》体现了各军种分析备选方案的结果，从而满足其组织、训练和装备部队的需要。因此，《计划目标备忘录》清楚表达了各军种与国防部各业务局做出优化各自机构内资源配置的决策。还反映了减少资源的影响，提出新的举措，并使用额外的可用资金提出解决办法。

《计划目标备忘录》包括出资方（如各大作战区作战司令部、各军种部和国防部直属业务机构）制定的《出资方计划建议》（sponsor program proposal，SPP），明确由出资方提出（如作战司令、军种参谋长和国防部各业务局行政人员）军种部门的目标和（作战）司令期望的优先项。《出资方计划建议》（SPP）的规划建议必须在军种单位预算授权总额（TOA）范围内制定，预算授权总额是在给定的一年内可供支出的全部资金，其中包括新的预算授权总额以及和上一年未花费的资金。

各军种部门和机构的《计划目标备忘录》由参谋长联席会议仔细审查，以确保其与《国家军事战略》、《国家安全战略》及《防务规划指南》对军力水平、平衡和能力评估相一致。在审查之后，参谋长联席会议主席颁布《主席计划评估》（CPA），以影响国防部长在《计划决策备忘录》中的决定，这标志着计划阶段结束。该在国防部长办公厅层次，计划目标备忘录的构建过程如图5-5所示。

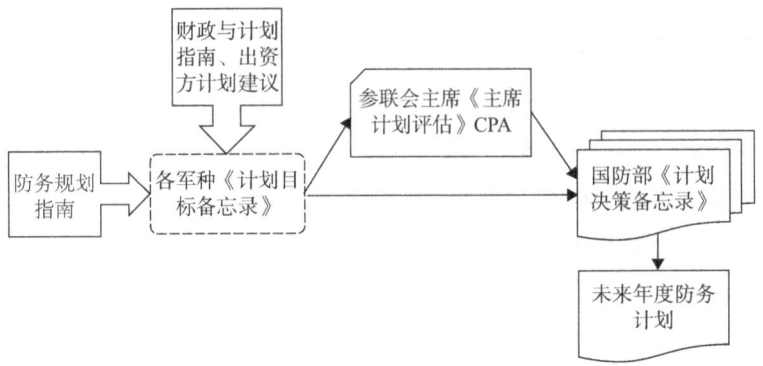

图 5-5 计划阶段流程

资料来源：Sullivan R E., *Resource allocation*: *The formal process*. National Security Decision Making Department, US Naval War College, 2002: p.37.

（二）计划审查

各军种部队及国防部各机构提交《计划目标备忘录》后，国防部长办公厅开始计划审查过程。由于计划审查一般从 8 月开始，也被称为夏季审查程序。计划审查由国防部常务副部长负责，一般会发布重大议题表来确认夏季需要审查的问题。设计这些议题的目的，是评估各军种和国防机构《计划目标备忘录》是否执行了《四年防务审查》的重要决策，以及是否遵守了《防务规划指南》的计划指南。由国防部长办公厅领导，并由各军种、联合参谋部和国防部长办公厅分析师组成的审查小组会对各问题进行评估。这些小组会向更高级的计划审查小组报告，如有必要，这些小组在备选方案向三星小组简要介绍之前，会对《计划目标备忘录》提出备选方案并由高级计划审查小组批准。根据计划项目优先级别，审查组也按层级不断提高。从高级领导审查组（SLRG）、副部长管理行动组（DMAG）到国防部长高级领导委员会（SSLC）。对《计划目标备忘录》审查除了在国防部长办公厅的审查组进行外，还有另一方面就是参谋长联席会议主席领导的联合参谋部也对计划审查进行评估并提出建议。

《参联会主席计划评估》（CPA）是关键重要的控制手段，参联会主席利用它指出对各军种及国防业务机构的《计划目标备忘录》（POM）涉及部队的整体平衡、胜任能力及保障水平给出自己的评估。参联会主席会在国防部长发布《计划决定备忘录》之前，提出有效的关于计划建议的备选方案供国防部长考虑，尽可能使《计划目标备忘录》在资金供应范围内实现整体作战能力提升。

关键的计划审查程序及安排如图5-6所示。计划阶段起始于《计划目标备忘录》的制定，包括广泛审查《计划目标备忘录》过程，结束于《计划决策备忘录》（PDM）。《计划决策备忘录》是批准后的《计划目标备忘录》，或为各军种或国防部各机构修改具体计划提供指导。各军种部或国防部各机构使用《计划目标备忘录》制定程序为优化这些组织机构内资源做准备。夏季审查程序是国防部长能评估《计划目标备忘录》，进而为整个国防部内部资源配置优化做准备。

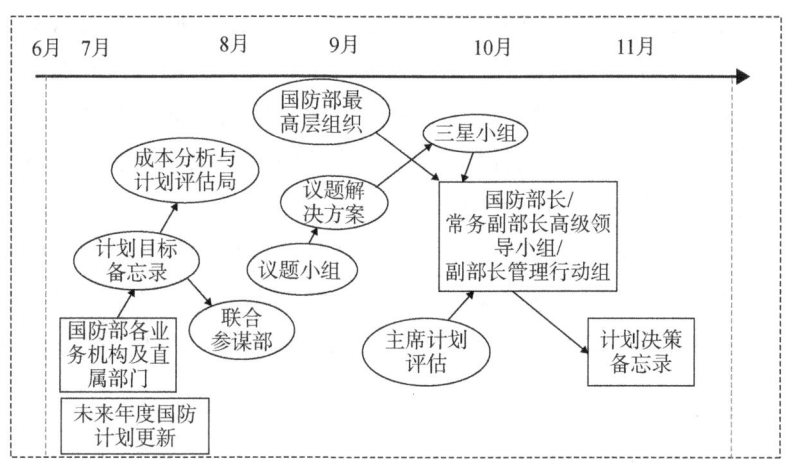

图5-6 计划审查

资料来源：Parker W., *Defense Acquisition University program managers tool kit*. DEFENSE ACQUISITION UNIV FT BELVOIR VA, 2011：p.20.

国防部长办公厅的计划审查一般自8月中旬开始11月上旬结束，具体日期每年都会变化，要遵照国防部发布的计划预算审查进度和时间表为准。比如2015年发布2017—2021财年计划预算审查进度表中规定，《计划目标备忘录》的审查在8月17日到11月2日期间进行[①]。

---

① "Procedures and Schedule for FY 2016-2021 Program and Budget Review（PBR）"国防部备忘录，由国防部副部长（主计长）和成本评估与预算管理局局长共同签署，2015年3月23日发布。来源于美国国防大学培训PPT "Lunch and Learn – POM Process Update Discussion" 2 September, 2015, Deacon Hoen, deacon.hoen@dau.mil. 参考美国国防大学网址：www.dau.mil.

计划阶段审查主要由国防部长办公厅隶属的成本分析与计划评估局（CAPE）负责，由成本分析与计划评估局分析师领导的议题组（issue teams）（各军种、联合参谋部和国防部各机构分析师为议题组成员）会对每个问题做出评估。如果议题组对争议问题不能解决，则这些小组会向计划审查小组（program review group，PRG）报告，计划审查小组后改为三星小组①。如有必要，对《计划目标备忘录》提出备选方案也会向三星小组报告并批准。当然如果有争议的议题在三星小组未能解决，那会提交到高级领导审查小组（SLRG）和副部长管理行动小组（DMAG）/副顾问工作小组（deputy advisory working group，DAWG）② 来解决。

除了这些重大议题以外，各军种、各作战司令、联合参谋部和国防部各机构还有机会提议其他重大问题给议题组考虑，或通过独立的议题文件（issue papers）来解决这些问题。成本分析与计划评估局会把这些问题以及三星小组的意见及成本分析与计划评估局的建议转交给国防部常务副部长进行决策。如前所述，《参联会主席计划评估》也提供了参联会主席关于《计划目标备忘录》涉及部队及相关风险的建议。

基于通过三星小组、参联会主席计划评估或议题文件的程序，国防部常务副部长将有关修改《计划目标备忘录》的所有决策都记录在《计划决策备忘录》（PDM）中，该决策备忘录是计划阶段的最终文件，标志计划阶段结束。

（三）计划阶段文件

计划阶段的文件也存在级联关系，如图5-7所示，《计划目标备忘录》是在《防务规划指南》的基础上结合了财政约束条件后形成的。《未来年度防务计划》（Future Year Defense Programming，FYDP）会基于《计划目标备忘录》里提出的数据进行更新。

---

① Army Organization, in How the Army Runs: A Senior Leader Reference Handbook（2015 - 2016）. 2015, U. S. Army War College.

② 副部长管理行动组（Deputy's management action group，DMAG）现在更改为副顾问工作组（DAWG），由美国国防部常务副部长担任主席。

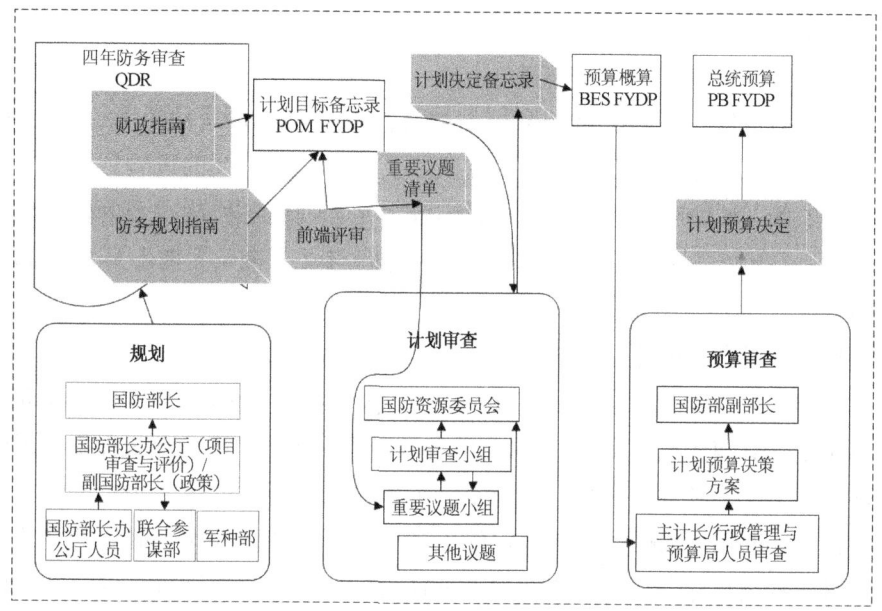

图 5-7　PPBE 计划阶段重要文件

资料来源：Office of the Secretary of Defense. DoD 7045.7-H., *Future Years Defense Program*（FYDP）*Structure Handbook*, 2001: p.6.

1. 《财政指南》

《财政指南》（fiscal guidance，FG）是由国防部长发布的年度指南，提供单个机构在《未来年度防务计划》期间的最大可用资金，并记录由内外政策或经济调整而引起的与上年度基数的差异变化。成本分析与计划评估局（CAPE）（由过去的计划分析与评估局（PA&E）改组形成）根据行政管理与预算局（OMB）提供的《预算指南》准备《财政指南》。与规划、计划、预算与执行系统许多其他文件不一样，《财政指南》由少数人参与制定，不需要协调。该指南概述了参谋长联席会议、各军种部门和国防部机构在制定军力架构、未来年度防务计划中必须遵循财政约束，同时国防部工作人员审查计划也必须遵循的财政约束。

2. 《计划目标备忘录》

基于《防务规划指南》中的战略概念和指南内容，以及《财政指南》中预计可用的资金，各军种与国防部各业务局制定《计划目标备忘录》（program objective memoranda，POM）。由于美国特种作战司令部的独特要求，该司令部是唯一制定自己《计划目标备忘录》的作战司令部。《计划目标备忘录》在国防部长设定的财政限制范围内，列出各军种的部队、武器系统以及后勤保障的目标。除表明《防务规划指南》中涉及的各军种年度总需求外，该备忘录还包括与现有部队、拟建部队以及保障计划有关的风险评估。国防部长要求各军种说明其《计划目标备忘录》是如何对各作战司令的要求作出反应的。《计划目标备忘录》涵盖的六年时间与《未来年度防务计划》涵盖时间一致。

3.《参联会主席计划评估》

《参联会主席计划评估》（chairman's program assessment，CPA）是参联会主席履行《美国法典》第10卷规定的参联会主席职责向国防部长提出建议的一部分，主要针对《计划目标备忘录》如何遵循已建立的优先项目等级，在多大程度上遵守了战略规划中确定的优先项目以及各作战司令确定的优先项目。对《计划目标备忘录》军力平衡和能力，及为实现美国国家安全所需的保障水平，在该评估中会总结参联会主席对这些问题的观点，参联会主席向国防部长提出备选方案建议。

4.《计划决定备忘录》

《计划目标备忘录》的最终决策会记录在《计划决定备忘录》（program decision memoranda，PDM）中，经国防资源委员会决议和修订后，该文件表明国防部长批准了《计划目标备忘录》，并转发给《计划目标备忘录》的起草者，这也标志 PPBE 计划阶段的结束。

5.《优先项目综合表》

各作战司令运用《优先项目综合表》（IPL）确定他们的最高优先需求和重要计划的不足之处，并根据其判断这些不足对他们实现指定任务能力产生的不利影响。《优先项目综合表》使国防部高层领导能够关注计划制定和审查过程中需求优先关注的领域。各作战司令在《优先项目综合表》文件的第一部分确定《未来年度防务计划》六年间所需的重要作战能力，第二部分确认其能力的重大不足之处。

各作战司令每年向国防部长和参联会主席提交《优先项目综合表》，给各军种副本。参联会主席在给国防部长提出计划建议时会考虑各作战司令的优先项目。《优先项目综合表》直接影响《防务规划指南》的制定，并间接影响《联合规划文件》和《参联会主席计划建议》。国防部长要求各军种和国防部各业务局在制定计划时考虑处理各作战司令的优先项目。参联会主席则评估各军种的计划符合各作战司令关键作战需求的程度,并通过《参联会主席计划建议》将这一评估结果汇报给国防部长。基于这些建议和国防部长办公厅的参谋结果,国防部长可能要求各军种和国防部业务局调整其计划。

国会也对计划满足各作战司令《优先项目综合表》要求的程度感兴趣。它要求参联会主席给军事委员会和参议院和众议院的拨款委员会提交《作战司令需求年度报告》。该报告包含作战司令《优先项目综合表》和参联会主席对各作战司令需求的评价。

三、预算阶段

预算阶段是 PPBE 系统的第三个阶段。预算阶段主要把经过批准的计划转化为预算,经过一系列预算审查和调整后,美国国防部长签署《国防部预算草案》并提交给总统,成为总统预算的部分。关键文件就是《预算概算》(Budget Estimate Submission,BES)。

(一) 预算编制

《计划目标备忘录》文件的提交标志着计划阶段的结束,同时也作为预算阶段起点的输入。预算阶段主要包括两个过程,预算编制和预算审查。预算编制的目标是按照行政管理与预算局(OMB)联邦预算编制指令的方式显示经国防部修正的《计划目标备忘录》。本质上,预算编制将《计划目标备忘录》第一年由总额转化为更精确的支出计划。

预算阶段,各军种、国防部各部门都各自准备《预算概算》(BES)。《预算概算》在预算阶段将《主要军力计划》(MFP)方案中作的计划决定转化成国会的拨款方案中资助要求。与《计划目标备忘录》的制定程序相似,《预算概算》的准备始于《计划决策备忘录》发布之前。在国防部长办公厅审查各军种的《计划目标备忘录》时,各军种编制并审查其预算数据。《预算概算》包括上财政年度、当前财政年度和预算财政年度的预算数据。对要求国会授权的计划而言,《预算概算》还包括预算年度下一年的预算数据。图 5-8 显示了预算阶段的过程。

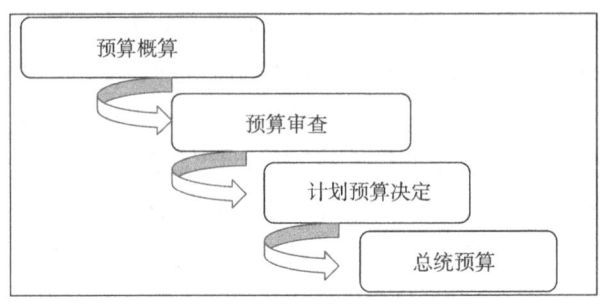

图 5-8 预算阶段

资料来源：HQ, U. D. O. P., *Planning, Programming, Budgeting and Execution System Training Program*. 2016：Science Applications International Corporation：p. 13.

国防部长办公厅及行政管理与预算局把这些概算整合成国防预算并进行审查，确保与《财政指南》一致。《计划预算决定》（PBD）记载了预算的变化。只要签署了最终预算决定，国防部预算就成为《总统预算》的一部分。在预算阶段，《未来年度防务计划》（FYDP）更新两次，一次在提交《预算评估报告》时，另一次在国防部预算提交给总统时。

（二）预算审查

预算审查有三个层次，各军种、国防部长办公厅（OSD）/行政管理与预算局（OMB）和国会审查。每级审查都有不同的要求和目标。本章主要介绍国防部层级的预算审查，军种和国会的预算审查在本书的其他部分介绍。

《预算概算》是对《计划目标备忘录》的第一年进行估计预算，各军种部门提交《预算概算》后进入国防部层次的预算审查。预算审查阶段自本财年9月开始持续到11月。该概算书提交国防部副部长（主计长）审查，行政管理与预算局（OMB）参与审查。

1. 审查内容

预算审查从七个方面开始：估计预算是否反映了总统和国防部的优先次序；是否支持政府的倡议和决定；是否正确反映了法律条令，国防部的军事建设拨款行动，国防授权行动，情报授权行动；是否反映了前期的战略指南；受到资助的计划是否与法律上限和财政政策指南一致；计划是否合理定价，是否基于合理估价和适宜成本原则；计划和预算提交国会后是否能有合理解释？

国防部副部长（主计长）和行政管理与预算局审查重点是评价当前计划

实现预期目标的程度。评价过程是基于过去作战司令部和其他国防部业务局使用的基础指标基础上来构建的绩效指标来评价。此外，还审查各部门和机构的计划成本，重点有两个方面：一是计划定价，也是预算到最可能的成本。二是计划可执行，也就是计划要分阶段，计划要有资金分配流程，负债率和费用率等。审查结果会停止或替代当前计划，或重新分配资源。审查后的一系列决议都记录在《资源管理决定》（RMD）中[①]。

国防部副部长（主计长）和行政管理与预算局（OMB）对重大问题开听证会，参加听证会还有各军种部长、项目执行官（Program Executive Officer，PEO）、项目经理（Program Manager，PM）对重大预算进行回复和申请复议，确实有重大决议需要改动则进一步提出改进建议。在国防部长做最后决定前，各国防直属业务部门长官还可以有最后机会向国防部长提出重大预算问题（Major Budget Issues，MBI），但要在最终预算提交到行政管理与预算局之前。经过听证和讨论反馈后，所有决定都记录在《计划预算决定》（PBD）中预算提交后作为总统预算一部分。此后《未来年度防务计划》会进行更新来反应总统预算并成为下一年周期的基线。

2. 审查流程

目前，预算阶段审查与计划审查时间不再是同时进行，而是按阶段有序展开。各军种部及国防部业务局按预定日期给国防部长办公厅提交《预算概算》（BES）后才开始进行预算审查。按照国防部副部长（主计长）（USD(C)）和成本分析与计划评估局局长（CAPE）共同签署的"关于2017—2021财年计划/预算审查（Program/Budget Review，PBR）"时间表，其中规定了各军种及国防部业务机构提交《预算概算》时间是9月8日，预算审查自2015自然年的9月11日到11月23日进行，而计划审查则在8月17日到11月2日完成（见表5-1）。当然，各年的计划审查和预算审查的具体时间是不同的，具体以美国国防部发布的文件为准。

预算审查时间一般在9月初到11月下旬期间进行。由各军种部队及国防部业务机构提交《预算概算》给国防部长办公厅后，由国防部副部长（主计长）和行政管理与预算局（OMB）共同审查预算过程，审查各部门预算的执行的持续性，对审查过程存在问题进行提议并召开听证会，各军种部门的计

---

① 资源管理决定（RMD），后有新变化，分为计划决定备忘录（PDM）和计划预算决定（PBDs）。

表 5–1　　2017—2021 财年国防计划和预算概算及审查日程表

事件节点	时间（2015年）
财政指南发布	3月15日
2017—2021 财年计划指南	4月—5月
2017—2021 财年预算指南	4月—5月
各机构计划目标备忘录概要提交三星小组	7月6日—10日
各机构计划目标备忘录提交日期	7月13日
选择和原始计划数据收集系统（SNaP）	7月13日
各机构《计划目标备忘录》提呈给副部长管理行动小组	7月13日—17日
《未来年度防务计划》拟定	7月27日
议题文件发布预期	7月29日
USD/作战司令官议题简要提呈给副国防部长	7月30日—8月14日
议题文件处理	8月17日
计划审查	8月17日—11月2日
《预算概算》提呈国防部长办公厅	9月8日
预算举证材料提交给国防部长办公厅	9月11日
包括 SNaP 预算展示	
预算审查	9月11日—11月23日
计划资源管理决定	12月2日
预算锁定	12月18日
总统预算发布	2016年2月1日

资料来源："Procedures and Schedule for FY 2016 – 2021 Program and Budget Review（PBR）"，国防部备忘录，由国防部副部长（主计长）和成本评估与预算管理局局长共同签署，2015年3月23日发布。来源于美国国防大学培训 PPT "Lunch and Learn – POM Process Update Discussion" 2 September, 2015, Deacon Hoen, deacon.hoen@dau.mil. 参考美国国防大学网址：www.dau.mil.

划及预算相关人员、各业务机构的计划执行官、计划管理者等相关人员都要对议题进行回复和答辩。经过该议题答辩过程达成一致的预算就会进入《计划预算决定》（PBD）。而后《计划预算决定》提交行政管理与预算局并构成总统预算的部分。在提交总统预算之前或提交后，参谋长联席会议主席、作战司令、各军种部队等如对预算调整提案仍有争议，需提交《重大预算议题》

(MBI)，国防部长召开重大预算问题会议进行商议。当然《重大预算议题》的决策会对《计划预算决定》修改进行宣布。所有争议的问题都决定后提交总统预算给国会，这样预算过程才算完成。审查流程及重要节点如图 5-9 所示。

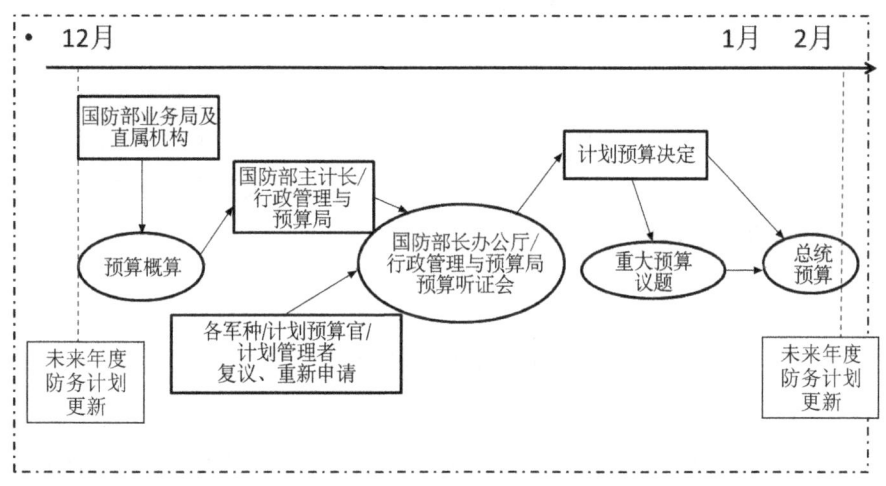

图 5-9 预算审查

资料来源：Parker W.，*Defense Acquisition University program managers tool kit*. DEFENSE ACQUISITION UNIV FT BELVOIR VA, 2011：p. 20.

（三）预算阶段文件

1.《预算概算》

《预算概算》（Budget Estimate Submission，BES）很大程度上是一种会计结果，即在预算基数内给方案定价并将这些基数转换成国会拨款的拨款类别。预算概算包括上年度、本年度、预算年度以及预算年下年度的预算数据。

2.《计划预算决定》

在预算审查期间需对整个预算进行评估和调整，以给申请项目确定合理经费、合理安排计划时间，并确保概算与国防部长的目标保持一致。国防部副部长（主计长）举行预算提交听证会，从而获得起草《计划预算决定》（Program Budget Decisions，PBD）所需的其他信息。国防部副部长（主计长）还负责审查与《计划预算决定》有关的所有问题，并向国防部常务副部长提交汇总文件，用于决策和签署。《计划预算决定》记载了《总统预算》中包含的概算批准情况。

3.《重大预算议题》

在《计划预算决定》发布过程中，各军种部长、各作战司令、联合参谋部及国防部各机构都有最后一次机会要求对过去《计划预算决定》的其他重大问题进行调整。这就是重大预算议题（Major Budget Issues，MBI）过程。在该过程中，各军种部长要确定各军种认为是"绝对重要"的问题。国防部常对各军种提出一些要求：在军种范围内从其他计划中拿出补偿资金以"回购"先前被削减掉的、数量有限（通常不超过5—6个）的"重要"计划。在此基础上，对《计划预算决定》进行修订，这些决策都会体现在最后签署的《计划预算决定》中。

四、执行阶段

执行阶段是规划、计划、预算与执行系统的最后一个阶段。执行阶段包括两个独立但相关的方面，预算执行和执行审查。预算执行主要是在各军种和国防部直属业务机构来展开，执行审查会在国会、国防部和各军种三个层面进行。本章主要从国防部层级来介绍执行阶段的两个方面。

（一）拨款分配

总统签署拨款案使其成为法律后，在财年开始，财政部将颁布拨款授权令给管理与预算局，该授权令将为财政部账户的各支出法案建立授权资金额。各机构随后将授权资金分配给国防部的各下属组成部门（三大军种），授权产生具体的授权额。在国防部由国防部副部长（主计长）监督，由国防部主计长办公室完成。得到授权的各办公室有责任监督拨款执行，如军种部的主计长办公室。然后拨款进一步分配至有关预算的递交办公室和申请者，这些单位再进一步划分资金，直到每部分拨款都进入最基层指挥单位，然后被授权的主计人员划拨资金并开始支付。随着资金分配，指挥链各责任单位需符合《反赤字法》（《美国法典》第31卷第1341条、第1517条）条款的要求及避免超支。

（二）年中审查

在美国总统预算于 2 月提交国会后不久，军种部门预算办公室就对主要司令部当前年度的执行情况进行年中审查（Midyear Review），主要审查监督计划和预算执行情况。部门内的所有领域和组织都要评估它们在实现目标方面的进展情况以及它们达到规定绩效标准的能力，确定出超预期的和未达到预期的项目。

与此同时，预算执行情况是通过比较债务率、支出率和预算编制过程中拟订的分阶段计划的债务和支出率来衡量的。对执行不力的，显然就会怀疑其是否超出了预算，是否在进度、技术、管理上存在问题。自然也会考虑多余的资金是否可做它用？年中评审发生在冬季的最后几个月，正好在当前计划目标备忘录（POM）周期中对军种预算进行编制的关键时期之前。

尽管年中审查是种控制机制，但它也是国防部利用拨款的一项重要的灵活性工具。当国会拨款给国防部时，它将授权在不同账户之间转移资金的能力。他们认识到预算仅仅是一个计划，而且当资金开始执行时，这个计划已经有一年多的历史了。因此，需要一些灵活性来满足国家的需要。在年中审查之前，不断变化的需求可以通过分配过程得到满足，但到了年中，有必要进行重新分配。实现这些变化的一个主要工具是转移，或称重新规划，即将资金从一个目的转到另一个目的。

（三）重新规划

重新规划就是将一定数量的预算授权从已制定的目的转换为另个不同目的，财年后期，国防部需要确保每个付款账户中都有适量的资金。有四种类型的重新规划措施：事前审批、内部重新规划、通知函和阈值以下重规。前三种方法通常统称为"阈值以上"重新规划。事前审批正如其名，在资金转移之前需要得到国会的批准。某些条件触发了使用事前审批措施：增加主要最终项目的单位数量、启动一个新程序或终止一个程序、如果该活动影响到为国会特殊利益项目提供资金、如果一般转移授权被使用或如果价值超过特定的阈值。典型的做法是，每年在年中审查程序之后，向国会提交一项大型综合重新规划措施。2014 财年，在年中审查之后美国国防部副部长（主计长）向国会提交一份事先批准的重新规划申请，这份申请长达 78 页，对几十个项目进行了总计超过 43 亿美元的变更。

当不满足事前批准重新规划的条件，而且变更的目的不重要时，就使用内部重新规划措施。该措施通常用于调整外汇汇率波动账户，将资产从一个运行和维护账户转移到另一个账户，或者他们可能被用来把钱从转账账户转到一般账户。转移账户是为特定事件而存在的预算授权，但必须转移到一个一般授权拨款账户（如 O&M 或 Mil Pay），然后才能承担责任。当现有项目的调整低于先前批准项目的阈值时，或执行国会在授权或拨款法案中指导的转移时，就会使用通知函。

最后，低于阈值的重新规划是非常温和的变更。每个拨款项目都有一个门槛。国防部主计长对所采取的行动进行详细记录，并向国会大会提交半年度报告。表 5-2 给出了重新规划的一些例子。

表 5-2　　　　　　　　　　重新规划示例

账户	投入最大	产出最大	控制层次	有效期
研究、开发、试验与测试	增加 1000 万美元或 20% 取低	减少 1000 万美元或 20% 取低	计划元素	2 年
采购	增加 1000 万美元或 20% 取低	减少 1000 万美元或 20% 取低	条目	3 年（5 年）
运营与维护	增加 1500 万美元	减少 1500 万美元	预算活动（或国防机构）	1 年
军事人力	增加 1000 万美元	国会没有具体限制	预算活动（或国防机构）	1 年
军事建设	增加 2000 万美元或 25% 取低	国会没有具体限制	项目	5 年

资料来源：DOD, *Financial Management Regulation*, DoD 7000.14-R, volume3, chapter6. 2015.

重新规划通常发生在年中审查之后的 3 月到 5 月这一时间段，还有财年接近尾声的 8 月至 9 月。重新规划行动主要涉及当前年度的预算授权，但也可能涉及之前没有失效的年度预算授权。事实上，过期拨款的未结转余额经常重新编入账户，使这些余额目前可以动用。当新的财年开始，在无拨款法案通过时，国防部将在《延续拨款决议》下行使职责。它将为连续运转提供资金，指导新财年拨款法案通过。当然《延续拨款决议》下通常由参议院和众议院通过在法案中设置最低水平支出比例。这意味着没有新的计划开始，也没有新的采购和新的雇佣。

（四）财年收尾

每年的预算赋权必须在 9 月 30 日之前全部落实。未赋权的资金将会失去。此外，未执行的资金将可能引起下个财年预算的缩减。至少，预算执行的不彻底会导致预算资金削减，或被标记，这样部队必须对此做出回应才能重获资金。在每年的最后 2 个月，都会集中控制未赋权资金，并提供给需要且资金缺乏地方。

（五）《延续拨款决议》

当新的财年开始，在无拨款法案通过时，国防部将在《延续拨款决议》下行使职责。它将为连续运转提供资金，指导新财年拨款法案通过。当然《延续拨款决议》下国防部获得了通常由参议院和众议院通过法案中设置最低水平支出比例的支出。

第六章 系统流程

规划、计划、预算与执行系统（PPBE）是个多阶段、多年期下年度循环的复杂过程。本章主要介绍不同层级决策者、决策执行者及管理者在 PPBE 中参与流程，以及 PPBE 在各年度、多年期循环过程的基本流程。

一、参与者流程

国防预算过程可以理解为两个关键阶段，制定和实施。图 6-1 帮助理解国防预算过程，横轴表示时间，纵轴表示参与机构：国会、总统及行政管理与预算局、国防部、军种部门。图中左侧第一个大圈表示利用规划、计划、预算和执行（PPBE）系统制定国防预算的过程；右侧大圈表示预算实施。顶层大圈则表示通过国会使预算形成法律并颁布的过程。

（一）国会

每年的国会预算过程分三个阶段：通过预算决议案、通过国防授权法及国防拨款法。

预算决议案（budget resolution，BR）是国会的预算规划，拨款法案才提供实际资金。预算决议就是国会自身在即将到来的拨款过程中征税规模和支出规划的承诺。按照 1974 年修正的《国会截留和控制法》中规定，预算决议案应在 4 月 15 日前通过。但国会很少能在这一时限前完成，通常会到 6 月或 7 月才通过。

国会预算的第二步是国防授权行动，为国防授权的委员会是参、众议院的军事委员会（HASC，ASSC）。授权法案可以包括货币和非货币政策指导。

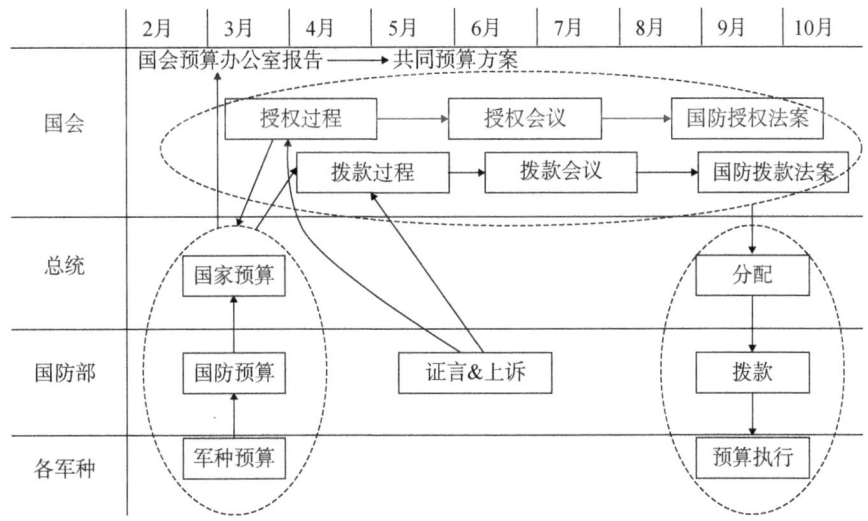

图 6-1 国防预算过程

资料来源：William R. Fast, *Department of Defense Management of Unobligated Funds for Acquisition Programs*, MAY 2015, Naval Postgraduate School, Monterey, CA, 93943.

在无授权下，即使国防拨款法案提供资金，也不允许国防部对新的或已存在的计划投入资金。要开始新计划，国防部既需要授权也需要拨款。

国会预算的第三步是拨款，这是由众议院及参议院拨款委员会和负责国防的小组委员会来完成的。一般拨款委员会评估、批准计划的开支都是以拨款的名义。只有拨款报告中没有特别改变国防部的预算请求，则国防部提出的各种计划、账户、条款材料即为正当且具有约束力。绝大多数国防部资金都是在国防拨款法案和军事建设法案中提供。拨款法案应在6月底通过众议院审议，在新财年开始前颁布。

虽然国会的立法会议各不相同，但还是有一定的时间标准，图6-2列出了立法预算和拨款程序的关键时间。原则上，2月第一个周一，总统把预算案提交给国会；4月1日，参议院预算委员会报告预算决议案；4月15日，两院联席委员会关于预算决议的报告在两院通过；6月30日，众议院通过所有拨款法案；10月1日，所有拨款法案通过。

（二）总统

行政管理与预算局（OMB）会在每年冬末发出一份指导性信函，这就意

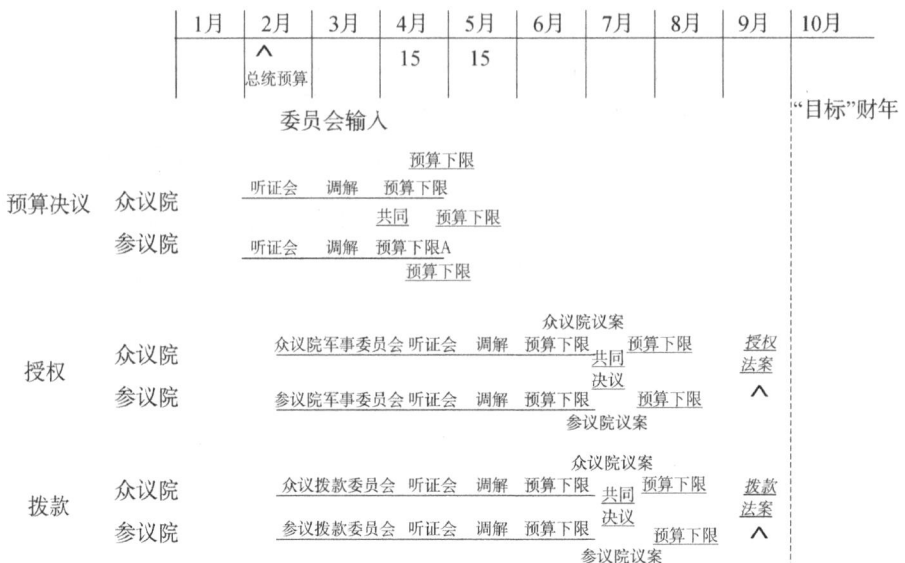

图 6-2 国会预算法案发布日程表

资料来源：PPBE Process Overview – AcqNotes. https://acqnotes.com/acqnote/acquisitions/ppbe-overview.

味着预算准备工作开始，接下来春季审查阶段，按照行政管理与预算局的规定预算程序完成预算准备。

行政机构预算过程时间表有以下五个阶段：

- 4月—6月：有关机构开始依据上一年的项目计划、问题和新动议来确立本年的预算要求，在行政管理与预算局协助下，总统审查当年预算并确定预算指导政策，这些可能会在春季审查或通过预算指令反馈给有关部门。

- 7月—8月：行政管理与预算局向相关部门提出政策方向，并为这些部门的正式预算决定提供指导。这些机构通常要准备并提交预算方案供本机构预算审查之用。对美国国防部这种大型机构需要经过几个层次才能完成，其中包含各种听证和协商过程。最终，争议之处还是要由部门主管做出最后决定，从而形成机构最后准备的预算。

- 初秋：有关机构向行政管理与预算局提交预算请求。在国防领域，军种部门要在夏季经过正式的预算准备过程，包括听证、削减和申诉等，达成最终预算方案，然后在初秋把它提交给国防部，由国防部来认真审查。不管是在军种部门还是在国防部层面，许多争议地方可以由分析师来谈判和解决，但一些关键争议点只能由国防部长来处理。国防预算随后提交至行政管理与预算局。

- 11月—12月：行政管理与预算局与总统共同审查部门预算请求，做出决策，并把决定反馈给这些部门。这些部门随后据此修改其预算，将其纳入总统预算。如果通过预算分析师不能协商得到满意的解决方案，这些部门就可能把分析师的意见上报到行政管理与预算局甚至美国总统那里。当主要部门如国防部将争议诉诸总统时，他们希望通过把事情提上桌面以得到最后的解决。
- 1月—2月初：行政管理与预算局和总统继续就预算做出决策。法律要求总统必须在2月的第一个星期一之前把预算方案提交给国会。在此期间，锁定预算数据，印刷预算方案，呈送国会。总统与行政部门预算时间进程具体见图6-3所示。

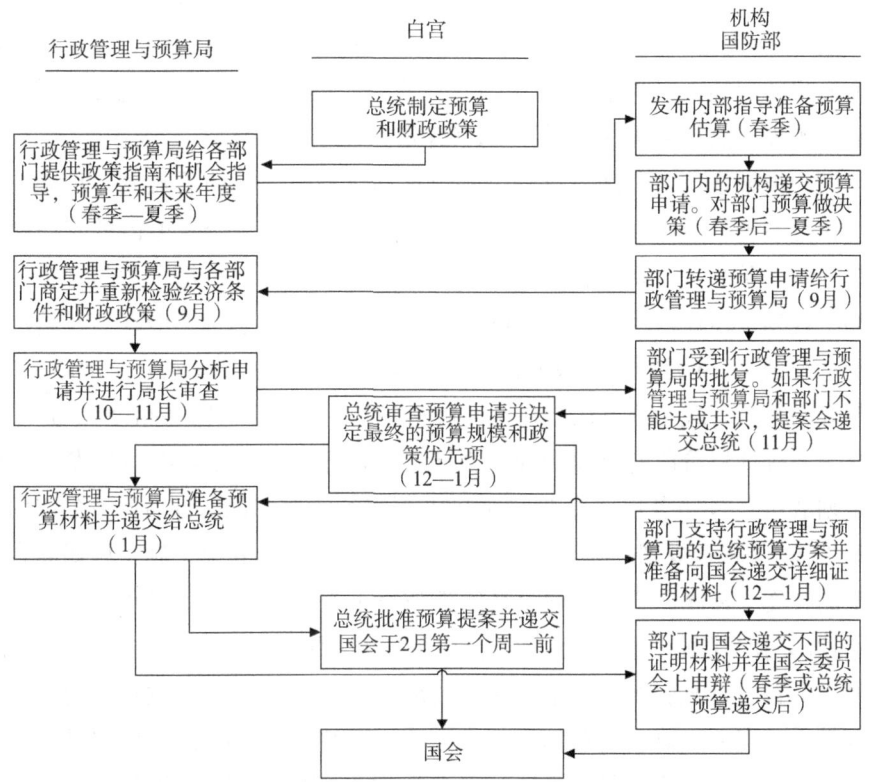

图6-3 行政机构预算进程

资料来源：Jones L R, Candreva P J, DeVore M R., *Financing national defense: Policy and process.* IAP, 2011: 132.

(三) 国防部

规划、计划、预算和执行系统规划阶段主要是在国防部长办公厅这一层级进行，经过春季审查上一财年的计划及预算后，国防部一般会在4月发布指导规划阶段的各种战略文件，最终形成《防务规划指南》。在计划和预算阶段，国防部重点主要是计划审查及预算审查。自2015年开始审查由过去的同时审查变为分开审查，一般从8月开始到11月上旬进行计划审查，9月到11月下旬进行预算审查。

各军种部门主要是准备计划和预算过程。因为规划阶段主要由指挥链的上一层国防部长办公厅来完成。准备计划过程就是依据国防部的规划指导文件，在一定财政约束条件下，制定《计划目标备忘录》（POM）。

图6-4表达从国会、总统、国防部及下属机构在任意时间点上预算周期中所发挥的职能，其中有许多相同基础文件。另外按日历时间表达了规划、计划、预算与执行系统（PPBE）与联邦预算程序的关系。

图中横轴是日历时间，纵轴是各个预算参与方。横向看规划、计划、预算与执行系统是个年度循环的运行过程。如果在任意一个年度内的某一时间段纵向画一条线，这里选择四月这个时间，观察会发现，每个参与者正处于规划、计划、预算与执行系统（PPBE）的不同阶段。总统一般在2月给国会提交总统预算，4月前总统及其国家安全委员会会发布《国家安全战略》，总统领导的行政管理与预算局会在4月初发布下一财年的《财政指南》，这是影响这个系统规划阶段的重要指导性文件。国防部长办公厅要准备并发布《联合规划战略》、《防务规划指南》，用来指导各军种部和国防部所属业务部门的规划工作。《联合规划战略》的准备过程当然离不开参联会主席及所属联合参谋部的合作。参联会主席会通过持续性战略审查，发布《主席计划建议》为各军种部门的规划、计划、预算和执行系统规划阶段提供指导。各军种部门4月处于准备《计划目标备忘录》及后续准备《预算概算》的过程。同时各军种部还要处理上一财年的预算执行。另外，军种部门在准备《计划目标备忘录》过程中，重要来源是各大战区作战司令的《优先项目综合清单》（IPL），对制定计划的优先等级排序有重要影响。国会每年进行预算的年度审查过程，要在4月通过预算决议案，而后颁布授权法案、拨款法案，当总统预算成为法律后进入预算执行阶段。

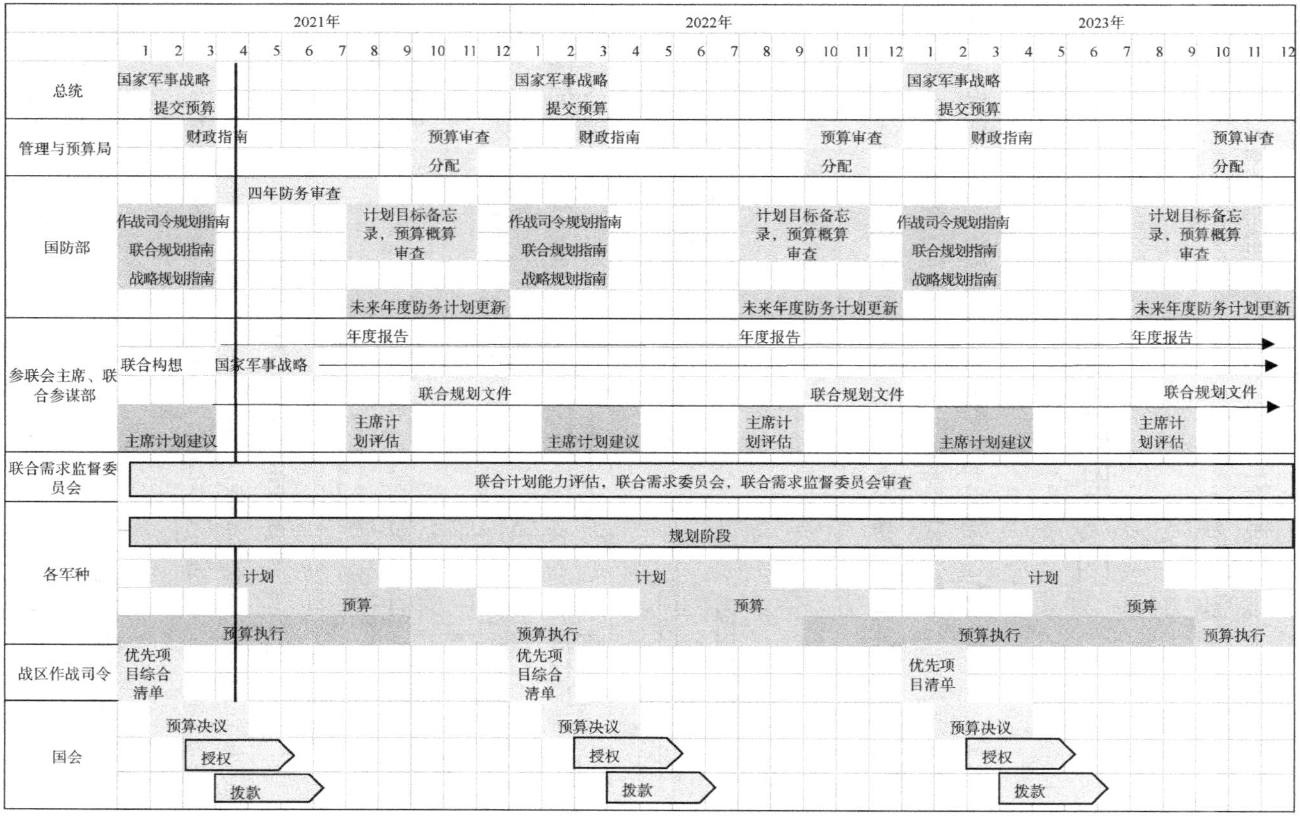

图 6-4 预算时限

资料来源：Holcombe S G, Johnston N C., Analysis of the PPBE Process in the Current Dynamic Political Environment. Naval Postgraduate School Monterey, CA 93943-5000, 2008.

国会通过预算法案并获得总统签署后，就开始了向国防部门提出支出授权的程序。行政管理与预算局负责资金拨付给国防部，由国防部向各军种部门及直属业务局划拨资金。各军种部门再对下属机构预算办公室授权，进一步分配到更低管理层直至最基层单位。

二、年度流程

规划、计划、预算和执行系统是一个时间驱动的过程，主要体现在计划和预算阶段发生事件和节点都由时间驱动，图6-5显示了在给定财年周期的典型日历年中，一些关键的日历驱动事件、流程和PPBE流程的输出。

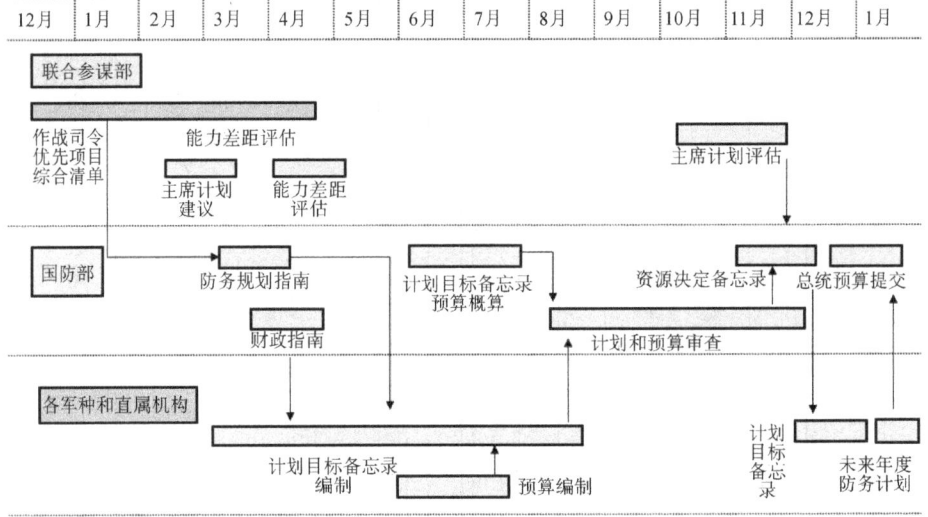

图6-5 年度PPBE流程中的日历驱动

资料来源：McGarry B W., *DOD Planning, Programming, Budgeting, and Execution (PPBE): Overview and SelectedIssues for Congress*. Library of Congress, Congressional Research SVC, 2022：11.

（一）计划编制及审查

计划是一个反复调整和优化的过程。在此过程中，各军种的计划人员会暂定资源配置的预案，以便在项目层面进行评估，并在更广泛的综合层面进行评估。《计划目标备忘录》主要由各军种部门准备和提交，体现了各军种分析备选方案的结果，满足其组织、训练和装备部队的需要。

年度夏季（6—7月）审查程序使国防部长能评估《计划目标备忘录》，进而对整个国防部内部优化资源配置做准备。从图6-5可见，计划阶段始于《计划目标备忘录》的制定，通过广泛的《计划目标备忘录》审查过程，结束于《计划决定备忘录》（PDM）。批准后《计划决定备忘录》为各军种和国防部各机构修改具体计划提供指导。

参谋长联席会议会仔细审查各军种和国防业务局的《计划目标备忘录》，以确保其与《国家安全战略》、《国家军事战略》及《防务规划指南》对军力水平、平衡和能力评估相一致。审查后，参谋长联席会议主席发布《参联会主席计划评估》（CPA），参联会主席利用它对各军种及国防业务局有关《计划目标备忘录》涉及部队的整体平衡、胜任能力及保障水平给出自己的评估。参联会主席会在国防部长发布《计划决定备忘录》之前，提出关于计划建议的备选方案供国防部长考虑，尽可能使《计划目标备忘录》在资金供应范围内实现整体作战能力提升。

（二）预算编制及审查

《计划目标备忘录》（POM）中项目必须得到资金支持，在计划阶段结束时，《计划目标备忘录》确定金额和活动的水平，预算编制即以规定的格式建立和列示与特定计划相关的费用。

预算审查目的是确保制定准确、适当的预算，计划具有可执行性，并遵循预算要求指南。在预算审查时，预算分析人员会查看五个影响预算的因素：价格、进度、可执行性、拨款确认和一致性。价格涉及是否为所资助的事物或活动申请了正确数额的资金；进度审查考虑计划项目是否代表一年生产或活动的价值；可执行性涉及多个层面，但本质上解决是否可以完成计划的问题；拨款确认审查确保计划中拨款按要求进行，并遵守法规。最后，一致性考察该预算是否与上一年预算和任何预算相吻合。审查时间在9月初到12月下旬期间进行。

各军种部队及国防部业务机构提交《预算概算》至国防部长办公厅后，由国防部和行政管理与预算局（OMB）共同审查预算过程，审查各部门预算的执行的可持续性，对审查过程存在的问题进行讨论并召开听证会，各军种部门的计划、预算等相关人员都要对议题进行回复和答辩。经过该议题答辩过程达成一致的预算就会进入到《计划预算决定》（PBD）。所有争议的问题都解决后提交给总统，由总统预算给国会，这样预算过程才算完成。

三、多年期流程

PPBE 进程的特点是进行长期规划，规划阶段可以在预算执行年度之前两年多开始。图 6-6 显示了该时间线的概念表示。该图显示了在任何给定月份，PPBE 进程的多个阶段如何在不同的财政年度周期内同时进行。例如，在 2022 年 6 月，国防官员正在执行或支出 2022 财年资金（以及前一年的资金，因为有些拨款可用于一年以上的义务），监测 2023 财年资金的制定，规划和预算 2024 财年资金，规划 2025 财年资金。

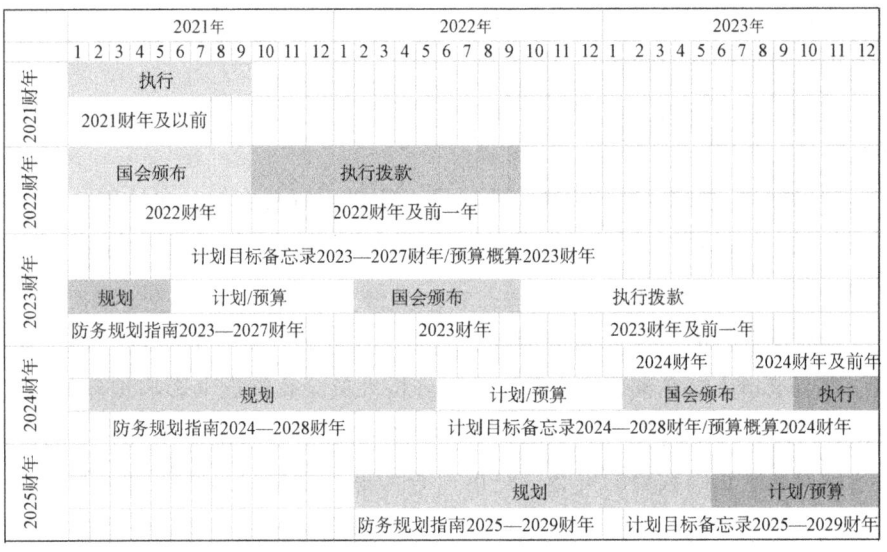

图 6-6　PPBE 循环

资料来源：McGarry B W., *DOD Planning, Programming, Budgeting, and Execution* (PPBE): *Overview and SelectedIssues for Congress*. Library of Congress, Congressional Research SVC, 2022：p. 12.

（一）计划和预算过程

首先，美国的财政年度周期是从一个自然年的 10 月开始到下一自然年的

9月30日结束,财年是与自然年起止日期不一致。这里描述周期以财年为主,以陆军规划、计划、预算和执行过程为例进行说明。如图6-7所示,2016财年为一个完整周期(2015年10月1日到2016年9月30日),沿横向看时间轴上发生事件及决策点,图中标出了重要事件和节点,注意在同一时间可能规划、计划、预算和执行过程在不同财年的不同阶段也是同时发生的。

计划和预算阶段发生过程和节点都有时间性。首先,看计划阶段,2014年12月,2014财年《资源管理决定》最终形成,记录2014财年的计划和预算决议。2015年3月开始到4月间,军种部队准备构建2017财年《计划目标备忘录》(POM)。2017—2021年计划也是下一轮2018—2022年计划的起点。如图中展示那样依次类推循环进行。另外在各军种内部还有进行《计划目标备忘录》重要计划的各种审查与评估,来平衡各种资源,保证计划在一定财政约束下实现作战能力需求。各军种部队2017财年的《计划目标备忘录》一般在2015年7月中上旬提交给国防部长办公厅。自2017年8月开始国防部长办公厅开始对提交的2017财年《计划目标备忘录》进行审查和评估,也是开启计划审查过程。计划审查结束的最终决议记录在2017财年的《资源管理决定》(RMD),该决定一般在12月初形成并发布。

其次,关于预算阶段,在图中时间轴线上,2015财年(2014年10月—2015年9月)首先决策点是总统签署2015财年总统预算并提交国会,国会批准总统预算后就开始进入了2015财年预算的执行阶段。2015财年还会进行2016财年预算编制及审查过程。各军种部队及国防部业务机构要准备2016财年的《预算概算》(BES)并提交至国防部长办公厅审查。国防部长办公厅在收到《预算概算》后开始预算审查过程,该过程持续时间节点自9月至11月。预算审查中有争议的预算会提出议题,经过讨论并解决后最终决议会记录在《资源管理决定》(或《计划预算决定》)中,该决定发布的时间节点一般是在12月上旬。最后事件是提交16财年总统预算,节点也是2016年的2月。这样随时间轴线不断推进,计划和预算过程的事件不断循环顺次进行,可以说计划和预算是一个不断持续性的循环过程。

这里2016财年也是执行年,即2016财年预算进入到执行阶段,实现资金实际拨款和流转。同时2016财年也是2017财年的预算年,也就是要开展2017财年的预算审查,一般11月下旬预算审查结束,这是个重要节点。国防部每个年度都会发布计划/预算审查的具体时间安排,不同财年可能会有变

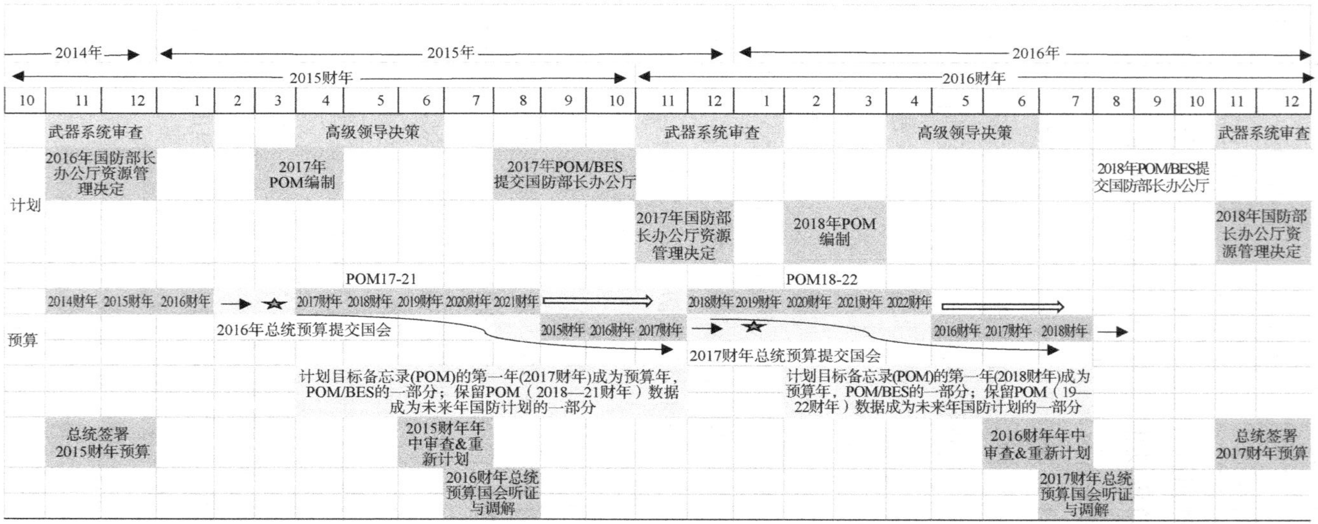

图 6-7 陆军计划和预算时间轴线

资料来源：Army PBPE process, in *How the Army Runs: A Senior Leader Reference Handbook* (2015-2016). 2015, U.S. Army War College. p. 8-40.

化,但在规定的时间节点前必须完成预算审查。

(二) 未来年度防务计划

《未来年度防务计划》(Future Years Defense Program,FYDP) 是在规划、计划、预算与执行系统内指定的、由国防部长批准的国防部所有计划的官方数据库。描述了《未来年度防务计划》的结构。这个立方体图(见图6-8)是根据组织结构,以产出导向的结构(或任务区结构)以及投入为导向的结构(或拨款结构)这三个面,把数据组织起来反映防务计划。立方体的顶面表明了国防部内制定和执行防务计划的执行机构;立方体的正面,防务计划被组织成以任务为导向的类别,称为主要军力计划;立方体的侧面表明了拨款类别。

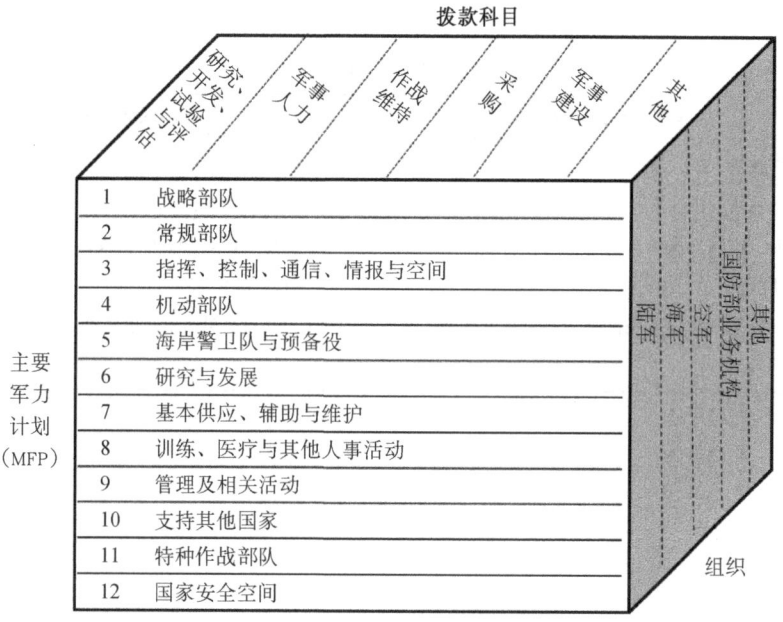

图6-8 未来年度防务计划

资料来源:McGarry B W., *DOD Planning, Programming, Budgeting, and Execution (PPBE): Overview and SelectedIssues for Congress*. Library of Congress, Congressional Research SVC, 2022: p.13.

以这种方式组织《未来年度防务计划》结构,是为了满足国防部与国会的需要。国防部需要以产出为导向的方式管理内部计划;国会运用以投入为导向的方式授权并从国库拨付资金。

《未来年度防务计划》显示了财政年度计划的国防部全部资源，包括上年度、本年度、两年预算以及随后四年的资源配置。另外，该计划还包括另外三年的部队结构数据，并在规划、计划、预算和执行系统周期期间更新三次。

➤ 各军种提交《计划目标备忘录》时（是指《计划目标备忘录》的《未来年度防务计划》，或是五月份的《未来年度防务计划》）。

➤ 为对《计划决策备忘录》作出反应，在各军种修改他们的计划之后（称为九月份的《未来年度防务计划》或预算概算的《未来年度防务计划》）。

➤ 在修改《计划预算决定》之后，且与《总统预算》提交的时间一致（指一月份的《未来年度防务计划》）

在规划、计划、预算与执行系统（PPBE）框架下，《未来年度防务计划》的目的是用资金表示主要军力计划所获得的资源，其中包括6个战斗部队计划和5个保障计划（见表6-1）。

表6-1　　　　　　　　　主要军力计划

6项与作战部队有关	5项保障计划
1. 战略部队	6. 研究与研制
2. 一般部队	7. 统一补给与维修
3. 指挥、控制、通信与情报	8. 训练、医疗和其他一般人事活动
4. 机动部队	9. 行政及相关活动
5. 国民警卫队和预备役部队	10. 对其他国家的支持
11. 特种部队	

第七章 军种案例:海军

军种在 PPBE 系统中必须满足《国家安全战略》、《国家军事战略》中对军种的任务要求,主持完成这些任务所需的条件,并进行资源配置以满足这些条件。本章以海军为例来说明军种 PPBE 的具体组织实施,详叙海军规划、计划、预算与执行四个阶段运行。

一、海军相关机构

海军资源配置程序的核心是海军作战部的两大机构:作战需求与计划局(N7)及资源需求与评估局(N8)(见图 7-1、图 7-2 说明了这两个机构的组织关系)。

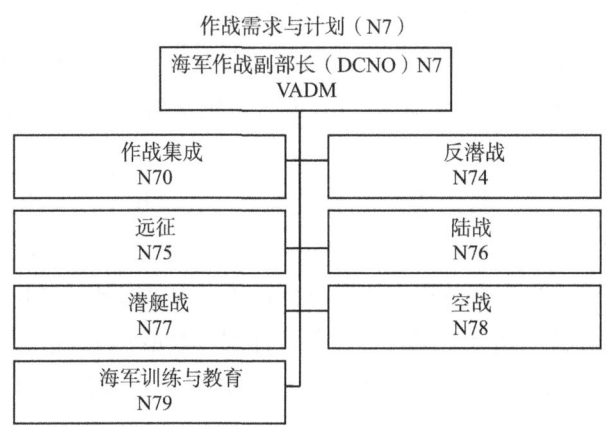

图 7-1 海军作战需求与计划局(N7)

资料来源:Raymond E. Sullivan, *Resource allocation: the formal process*. U. S. Navy war college. 2002:122.

PPBE：规划、计划、预算与执行系统研究

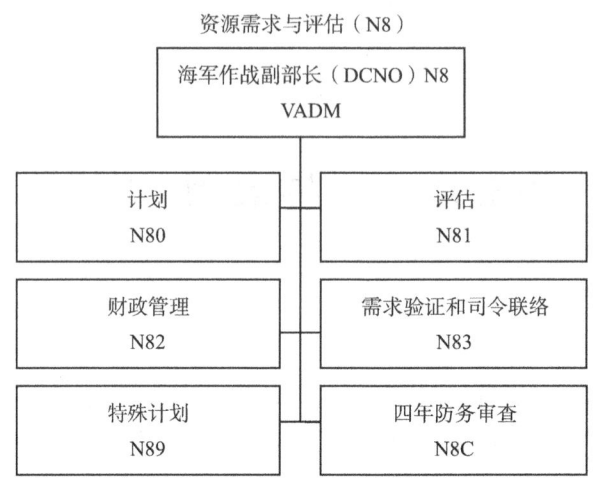

图 7-2 海军资源需求与评估局（N8）

资料来源：Raymond E. Sullivan, *Resource allocation*: *the formal process*. U. S. Navy war college. 2002：122.

规划阶段，N81（评估处）与 N3/N5（规划、政策和作战局）、作战需求与计划局（N7），以及海军部（DoN）计划评估办公室、海军陆战队副司令、政策制定部门以及制定计划指南的运筹部门合作。作战需求与计划局（N7）也向资源需求与评估局（N8）提交计划建议，旨在制定海军《计划目标备忘录》（POM）。N80（计划处）制定计划时与提供资源的部门（N71 导弹防御处、N61 信息技术处、N74A 反潜作战处、N75 远征作战处、N76 水面作战处、N77 水下作战处、N78 空战处、N79 教育和训练处）相互合作。N82（财务管理处）参与计划工作，从而确保提出的计划在财政约束范围之内。预算阶段，N82（财务管理处）与海军部主计长共同制定概算并在预算审查过程中作调整[①]。

海军计划形成后，将由资源需求审查委员会（Resource Requirements Review Board，R3B）仔细审查，该委员会是海军决定作战需求和资源计划问题的主要场所。该委员会由负责作战需求的海军作战副部长（N8）负责，并由来自 N1（负责人员人事）、N3/5（（负责计划、政策及军事行动和作战）、N4（负责后勤）、N6（负责太空及信息作战）、N7（负责训练培训）、N09G（海军总监察长）、N093（负责海军医疗）、N095（海军预备役）、海军航空系统

---

① Raymond E. Sullivan, *Resource allocation*: *the formal process*. U. S. Navy war college. 2002：p. 237.

司令部（NAVAIR）、海军海上系统司令部（NAVSEA）等机构的代表以及海军陆战队副参谋长（计划和负责项目与资源）首长组成。根据需要负责其他的专家也可能参加。涉及海军及海军陆战队的重点项目由一体化资源需求审查委员会（IR3B）解决。该委员会包括资源需求审查委员会（R3B）的成员，也包括来自海军陆战队的首长。资源需求审查委员会（R3B）和一体化资源需求审查委员会（IR3B）无法解决的主要问题将转交海军作战部长（CNO）执行委员会（CEB）解决。海军作战部长执行委员会的成员包括作战部长（CNO）、副作战部长（VCNO）、负责人事的副部长（N1），负责规划、政策和作战的副部长（N3/5），负责太空及信息作战的副部长（N6），负责训练的副部长（N7）和负责作战需求和计划的副部长（N8）。海军作战部长有关《临时计划目标备忘录》（T-POM）的决定向海军战略委员会（DPSB）的高级军职和文职领导简报[①]。

二、规划阶段

海军规划的目的就是评估战略和资源环境、发展一体化作战架构（IWAR）以及制定军力规划指南的战略和政策。也就是说，海军规划工作主要是为了指导计划制定。海军的规划是基于已经制定的海军战略构想，《21世纪海上力量合作战略》，基于此构想，海军作战部长（CNO）会制定《战略规划指南》（SPG）。

海军规划阶段过程的协调由海军作战部长（CNO）军事行动评估处（N81）牵头。海军要运行三个主要的规划子周期：集成作战架构（integrated warfare architectures assessment，IWAR）评估、海军作战部长计划评估备忘录（CPAM）、计划及财政指导。

自1998年开始，海军规划工具成为集成基于广泛的分析过程，包括12个领域的集成作战架构（IWAR）评估。集成作战架构（IWAR）由5个作战和7个支持领域构成。5个作战领域由军力投送、制海、制空、情报机构信息

---

① 杰里·L·麦卡菲，L. R. 琼斯著，陈波，邱一鸣主译. 国防预算与财政管理，经济科学出版社 2013. 12：p. 112.

优势/传感器和及威慑（deterrence）组成。7个其他战争作战支持领域包括：保障、基础设施、人力、战备、教育和培训、技术和及军力结构（见图7-3）。

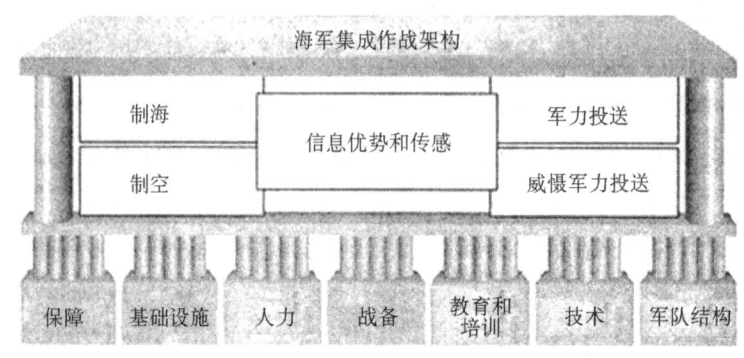

图7-3 海军集成作战架构

资料来源：Raymond E. Sullivan, *Resource allocation: the formal process*. U. S. Navy war college. 2002：123.

这十二项集成作战架构（IWAR）综合作战系统从是否能满足完成全部任务需求的责任和能力的观点出发来进行评估。集成作战架构（IWAR）评估由"集成产品小组"（Integrated Product Team，IPT）负责进行，该小组由来自海军部长、资源出资人、申请人及海军舰队等的代表组成。集成作战架构（IWAR）的特点主要是：与系统或平台相比较，该架构关注的是作战能力；为整个海军的战略构想、威胁评估和计划提供联系机制；该架构也将构想转化为采办指南并为资源决策提供依据，同时还满足一定财政约束条件。

基于集成作战架构评估的结果会发布在《海军作战部长计划分析备忘录（CPAM）》中，对12个领域分别发布备忘录。评估处（N81）对12个计划分析备忘录进行评估并整合为综合计划，确保该计划在整个集成作战体系结构中保持平衡。评估处（N81）会制定备选方案，并将该综合计划作为《海军作战部长计划分析备忘录》的总结提交给海军资源委员会。海军作战部长计划分析备忘录的目的主要是建立连接作战和支持能力的平衡计划并保持平衡，评估集成作战架构对近、中、长期作战及支持领域能力的影响。基于海军高层领导提供计划和财政指导基础上，提出能力替代、备选方案，并对特点计划提出调整建议。

海军计划和财政指南是为海军资源出资人提供海军作战部长层级的总体

和具体指南，指导制定《出资方计划建议书》（Sponsor Program Proposal，SPP）①。该指南也是集成作战架构和海军作战部长计划评估备忘录的基础。

三、计划阶段

海军计划阶段的目的是要将规划阶段制定的集成作战体系结构的能力转化为具体的计划。在计划评估处（N81）和财务管理处（N82）的协助下，计划处（N80）负责制定计划。通过计划处（N80）和作战需求与计划评估局（N7），国防部长的《防务规划指南》（DPG）和《财政指南》（FG）经海军高层的分解后具体化再传达给提供资源的各部门（反潜作战处 N74A、远征作战处 N75、水面作战处 N76、水下作战处 N77、空战处 N78、教育和训练处 N79）。提供资源的这些部门制定《资源出资方计划建议书》（SPP），旨在保障海军目标、满足联合指挥官的需求（综合优先级列表）以及海军申请人的需要，且要在海军的预算授权总额（TOA）控制范围内。

（一）计划审查

集成作战处（N70）处长来统筹来自各作战能力提供方、资源资助方、任务能力包②（MCP）的信息，结合《海军集成作战能力规划》（ISCP）③的形式和《出资方计划建议书》的信息从而制定《集成出资方计划建议书》（ISPP）。该计划建议书经负责作战需求与计划的海军作战副部长（N7）批准后，作为联合计划建议书提交给负责资源、需求和评估的海军作战副部长（N8），在海军作战副部长 N8 的范围内发布权衡指南，联合计划建议书在特

---

① 《出资人计划建议》向海军领导层提出如何重新分配资源以满足未来的能力。
② 任务能力包（Mission Capabilities Packages，MCP）是根据作战部队能力评估和计划制定程序，军力计划按照任务能力的运用来确定，并将军力计划分成与执行任务能力相关的任务能力包。任务能力包用于确定当前的能力基线，并根据明确的设想精确地预测能力的演变。任务能力包还有助于规划和计划联合战略和海军战略中确定的集成系统能力。
③ 《海军集成作战能力规划》（Integrated Strategic Capability，ISCP）是将整个任务能力包整合后制定的可承受的、长期的评估战略，ISCP 会成为海军的"战争投资战略"，也在于指导作战能力计划的制定。该 ISCP 文件由海军作战部副部长（DCNO）N7 来制定，在开始研究海军作战部长《计划分析备忘录 CPAM》之前，通过海军需求监督委员会（NROC）和海军作战部长执行委员会（CEB）提出，旨在促进对战争投资战略提出一些设想。

定计划审查（Program Review，PR）或计划目标备忘录（POM）架构下整合所有作战领域。计划审查（PR）或计划目标备忘录的提纲会提交给海军审查委员会（NRB）做进一步审查和调整。在海军作战部长（CNO）和海军陆战队司令（CMC）做出决策并制定《初步计划目标备忘录》（T-POM）之前，下一步审查由海军作战部长（CNO）执行委员会（CEB）进行。海军部批准海军计划目标备忘录（POM）并将其交给国防部长之前，海军部（DON）计划战略委员会（DPSB）将对其进行最终审查。图7-4列示了该计划及审查活动过程。

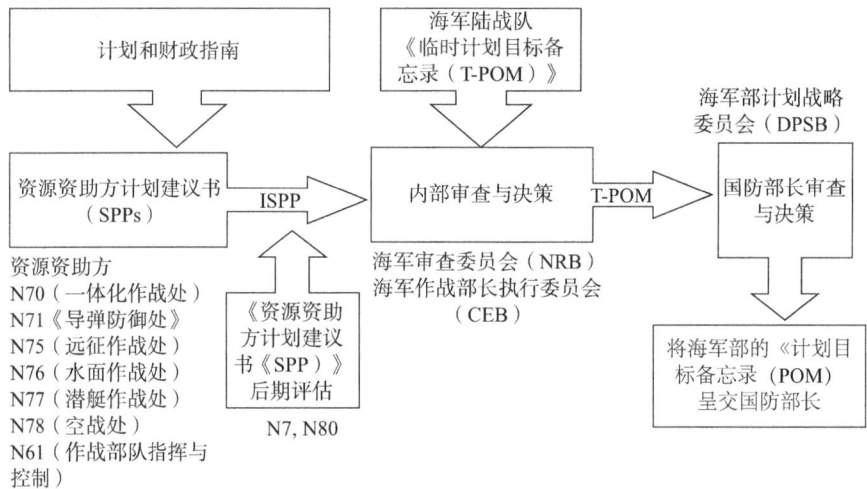

图7-4 海军计划审查过程

资料来源：Raymond E. Sullivan, *Resource allocation：the formal process*. U. S. Navy war college. 2002：125.

（二）年度计划

图7-5以某个计划目标备忘录（POM）循环周期内海军作战部办公室规划、计划、预算和执行（PPBE）过程的运行情况，日程安排中增加了利益相

关方（stakeholder）进程。资源、需求的赞助方或提供方要在评估阶段进行的时候，就必须开始为《计划目标备忘录》内容准备进行提议。

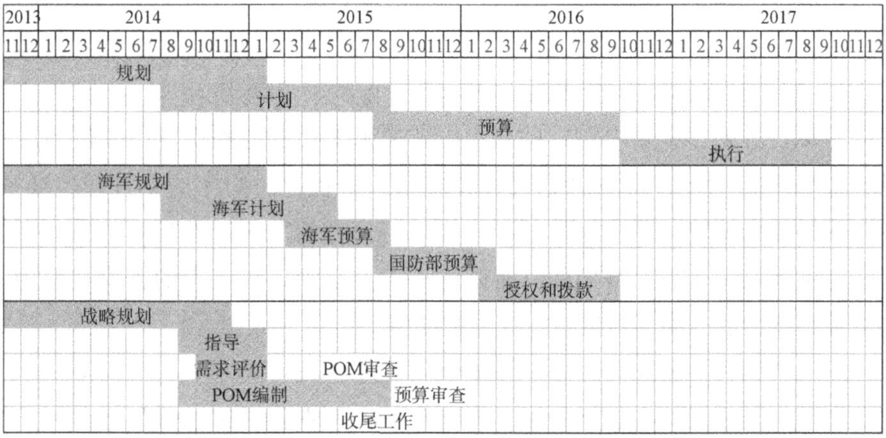

图 7-5 海军 PPBE 年度流程

资料来源：Blickstein I, Yurchak J M, Martin B, et al, *Navy planning, programming, budgeting, and execution: A reference guide for senior leaders, managers, and action officers*. RAND National Defense Research Institute Santa Monica United States, 2016：27.

1. 战略规划

战略规划是为了给计划目标备忘录工作进行指导。一般来说，战略规划文件也是独立于规划、计划、预算和执行流程之外。海军的规划阶段指导文件主要有《防务规划指南》（DPG）、《海军战略规划（NSP）》、《21世纪海上力量合作战略》，这些都是为规划、计划、预算和执行（PPBE）各阶段决策提供支撑环境和理论依据。但这些文档更多提供的是种愿景或目标，并未列出更详尽的重点优先内容。

2. 指南

海军《计划目标备忘录》（POM）是以海军作战部长名义签发提交的文件，并由海军作战部 N8 机构（计划处 N80）负责起草代拟的。在《计划目标备忘录》工作周期初期，计划处发布序列文件，明确工作总体安排、各方面职责分工、递交产品和各项工作截止时间等备忘录编制工作的基本要点。

3. 需求评估

需求评估过程与海军作战部长办公室指南同时进行，并与《计划目标备忘录》编制过程相互重叠。这类评估工作包括定期分析机制中研究重点和分析活动，也包括《计划目标备忘录》主要递交产品、计划评估，对需求与指标数据的快速回顾评估（quick-turn evaluations）。海军作战部长办公室对计划评估的各过程进行规范化处理，并以此来直接影响《计划目标备忘录》编制。

4. 《计划目标备忘录》构建

海军《计划目标备忘录》的基本内容来源于各资源提供方所提供的《赞助方计划建议（SPP）》。《计划目标备忘录》会在上一财年的9月开始准备，这几乎与战略规划、需求评估过程同时进行。各相关方对备忘录的重点考虑和发挥决策效应是有窗口期的，所以各相关方必须以最有力的支撑材料为其能发挥影响力的时间窗口期进行计划和准备。

5. 《计划目标备忘录》备忘录整合和审查

海军《计划目标备忘录》的整合和审查主要在海军部内部层级进行。海军作战部所属的N80和N81部门会对提交的《赞助方计划建议》（SPP）进行审查，评估其内容与指导意见的符合程度。该审查时间为一个月，从图7-5可看出，计划审查是《计划目标备忘录》提交后的5月进行的。审查提议提交后，N80会提交一份《临时性计划目标备忘录》（tentative POM），该临时备忘录整合了指导意见、赞助方的建议及为满足《未来年防务计划》（FYDP）有效期内预算平衡要求的具体实施方案。这段时间内，资源提供方或需求赞助方都会与N80和N81部门进行密切接触。某些情况下，资源提供方会运用定期分析的结果来对其提议项目进行辩解维护。

6. 收尾工作

临时性《计划目标备忘录》进行审阅和完善后，就会涉及备忘录经费的缩减平衡。在这个过程中，要做些妥协折中，使风险降低到可接受程度，有时也会触及到特定相关者的深层利益。该阶段对《计划目标备忘录》的削减平衡可能来自海军部长，或外部影响，如上级总体预算缩减或国防重点调整等，这种情况下，《计划目标备忘录》内容很可能进行调整。N80部门在此阶段内负责将《计划目标备忘录》中的预算内容调整平衡。

（三）多年计划

图7-6中POM17第二层级的五个长条表示海军的四个阶段顺次进行并存在交叠过程。纵向看海军部的POM18、POM19循环过程都是类似但时间交

错,假如从 2016 自然年的某一时刻纵向看,规划、计划、预算和执行过程几乎是同时发生,不过每个阶段分别属于不同循环周期。也就是说,海军部要在同一年中同时处理不同周期下 PPBE 的不同阶段,的确是件复杂事情。

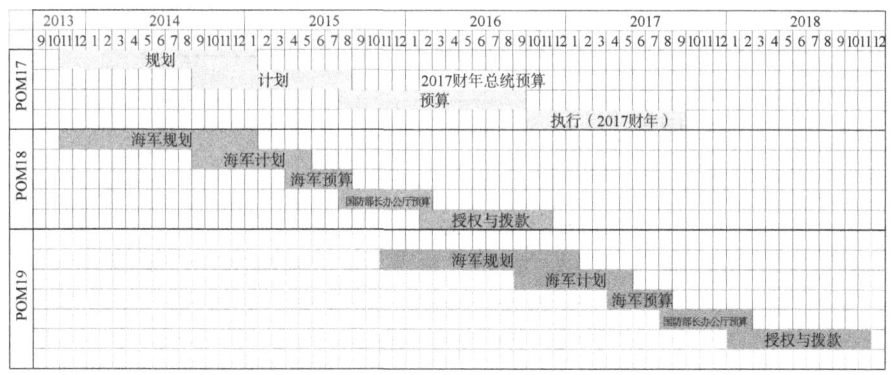

图 7-6　海军部 PPBE 多年期流程

资料来源:Blickstein I., Yurchak J. M., Martin B., et al., *Navy planning, programming, budgeting, and execution: A reference guide for senior leaders, managers, and action officers*. RAND National Defense Research Institute Santa Monica United States, 2016:26.

四、预算阶段

在不超出预算授权总额的情况下,海军部预算阶段主要经过预算编制和预算审查两个过程。

(一)预算编制

海军财政管理与预算(FMB)办公室在 3 月发布初始《预算指导备忘录》后,海军预算过程开始。主申请人根据最低水平的预算估计编制提交书,通常被称为成本中心估算(cost center estimate),这些成本中心在海军财务管理链上处于最底层(见图 7-7)。然后主申请人会提交一个预算,这个预算合并空中、水面和水下的作战及保障费用,然后通过海军预算办公室提交给海军助理部长(财务管理与主计长)。

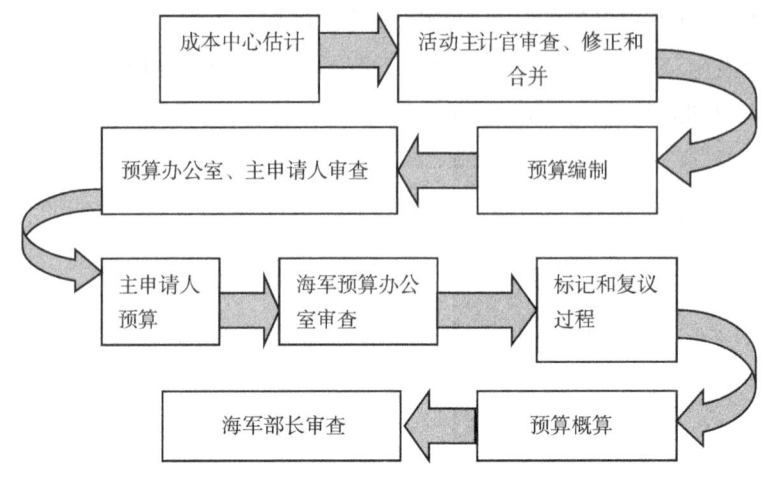

图 7-7 海军预算过程

资料来源：Toylor, Brain, *An analysis of the departments of the air force, army and navy budget offices and budget processes.* Master' thesis, NPS, monterey, CA. 2002：36

海军预算办公室通过"标记"、《议题文书》（Issue Papers, IPs）等方式对申报单位的预算申报进行质疑。如果议题在海军预算办公室、海军作战部长计划分析处分析师、部门领导等层级得不到解决，它们会被提交给计划预算协调小组（Program Budget Coordination Groups, PBCG），则既解决计划也解决预算问题。该小组由来自海军预算办公室、海军作战部计划处（N80）、负责作战训练的副部长（N7）、舰队司令部司令和舰队战备（N43）等部门代表组成。计划预算协调小组审议与重大预算问题会议审查相似，在转呈海军作战部长和海军部长之前，提出问题的最后解决方案。计划预算问题小组在预算领域讨论的主题一般是：文职人员、军事人力、基地运行、飞机运行、军舰运行等。

（二）预算审查

在军种层面，预算审查主要平衡所有资源领域，并做出关键的资源分配决策。

1. 海军预算审查

预算审查先在海军部内部层级进行。海军作战部长负责向各预算提交办公室（BSO）和各主要司令部提供各自相关领域内的计划与维持工作所需的资源。然后由各预算办公室进行结合成本、价格等其他因素对计划所需求资源进行预算估算，保证预算的可执行性。预算审查目的就是对那些不仅在愿望上而且在法律上需要进行调整的领域进行平衡。

审查期间,海军财政管理与预算办公室往往会提出更多例行的书面问题,并可能举行非正式的海军部(DoN)听证会,以确保预算估计数:

- 符合POM、SECDEF等指南,以及可用的决策文件;
- 包含当前和有效的成本和定价,具有很好的合理性和一致性;
- 保持财务可行性和平衡性,可执行;
- 符合法律要求、规则和政策。

海军财政管理与预算办公室分析师先从技术方面审查提交的文件,技术因素包括所有所需展品的适当准备、准确的定价、准确的前一年执行数据以及程序的可执行性等。接着从方案方面审查,方案因素也涉及可执行性,但主要看方案或活动是否符合现行的法律法规,是否符合防务规划的要求,业绩标准是否适当和准确等。

2. 国防部长办公厅和行政管理与预算局审查

海军部长批准海军预算概算后,送达国防部长办公厅、行政管理与预算局。国防部长办公厅和行政管理与预算局对海军预算过程进行联合审查以确保海军预算估计的合理性,发布《计划预算决定》,颁布各部门执行。

五、执行阶段

执行阶段一般是对经费的实际分配和支出过程。这个过程对需要经费支出和负责日常作战行动的实体来说,存在很大利益相关性。总的来说执行阶段的工作流程,主要参与者(如舰队,作战部队)提出执行控制额并进行活动规划,监督资金赋权率,进行年中审查,监督年末的资金"扫尾",并分配追加资金。

海军部通过计划预算会计系统(PBAS)工具来掌握和控制资金,最终资金授权文件会传递至海军部各办公室电脑中。这一配给和分配过程中,形成要约(招标),产生合同,以及工作、服务完成或设备到达时的支付费用。当资金支出时,这些配置和分配过程形成了以季度或月份、管理层次以及支出种类划分的规划过程。海军部并通过年中审查和年末扫尾,如果单位在年末有不能执行的资金,则这些资金会调拨给其他花尽运行资金的单位。

参考文献

[1] Aldridge P. Joint Defense Capabilities Study Final Report [R]. Joint Defense Capabilities Study Team, 2004.

[2] Bertuca, T. DoD Begins Major Planning, Programming, Budgeting and Execution 'Reset' [J]. Inside the navy, 2014, 27 (50): 11.

[3] Blickstein I., Yurchak J. M., Martin B. D., et al. Navy Planning, Programming, Budgeting, and Execution: A Reference Guide for Senior Leaders, Managers, and Action Officers [M]. RAND Corporation, 2016: 28 – 34.

[4] DoD Joint. GAO Working Group on PPBS. The Department of Defense Planning, Programming and Budgeting System [R]. Washington DC: DOD/GAO, 1983.

[5] Enthoven A. C., Smith K. W. How Much is Enough?: Shaping the Defense Program, 1961 – 1969 [M]. Rand Corporation, 2005.

[6] Fast W. Department of Defense Management of Unobligated Funds for Acquisition Programs [R]. Naval Postgraduate School, Monterey, CA, 93943. 2015.

[7] Gansler J. S., Lucyshyn W. Reforming acquisition: This time must be different [R]. Maryland Univ College Park CenterE for Public Policy and Private Enterprise, 2015.

[8] Gordon C. V., Hinkle W. P. Best Practices in Defense Resource Management [R]. Institute for Defense Analyses. Alexandria VA, 2011.

[9] Grimes S. R. PPBS To PPBE: A Process Or Principles? [R]. Army War College. Carlisle Barracks PA, 2008.

[10] HQ, U. D. O. P., Planning, Programming, Budgeting and Execution

System Training Program [R]. 2016: Science Applications International Corporation: 29 – 32.

[11] Iwaskow W. B. Program Budgeting: Planning, Programming, Budgeting [J]. Handbook of Budgeting, 2012: 723 – 765.

[12] Jones L. R., McCaffery J. L. Defense Acquisition and Budgeting: Investigating the Adequacy of Linkage Between Systems [J]. International Public Management Review, 2005, 6 (2): 87 – 115.

[13] Jones L. R., Candreva P. J., DeVore M. R. Financing National Defense: Policy and Process [M]. Charlotte: Information Age Pubilishing, INC, 2011: 104 – 108.

[14] Matlock, G., Abreu, M., Goedeke, T., & Sen, A. ? An Evaluation of NOAA's Planning, Programming, Budgeting, and Execution System (PPBES) [R]. A report to the Executive Panel of the National Oceanic and Atmospheric Administration 2015.

[15] Mattis J. Summary of the 2018 National Defense Strategy of the United States of America [R]. Department of Defense Washington United States, 2018.

[16] McCaffery, Jerry L. 2005. "Reform of Program Budgeting in the Department of Defense" International Public Management Review, Volume 6, Issue 2, 2005. http://hdl.handle.net/10945/40806

[17] McCaffery J. L., Jones L. R. Reform of Program Budgeting in the Department of Defense [J]. International public management review, 2005, 6 (2): 141 – 176.

[18] McGarry B. W. DOD Planning, Programming, Budgeting, and Execution (PPBE): Overview and Selected Issues for Congress [C]. Library of Congress, Congressional Research SVC, 2022.

[19] McGarry, B. W., & Peters, H. M. Defense Primer: Future Years Defense Program (FYDP) [R/OL]. Congressional Research Service (2020 – 12 – 14) [2022 – 2 – 3]. https://fas.org/sgp/crs/natsec/IF10831.pdf.

[20] McKean R. N., Hitch C. J., Enke S, et al. The Economics of Defense in the Nuclear Age [M]. Harvard University Press, 1960.

[21] McNab R. M. Implementing Program Budgeting in the Serbian Ministry of

Defense [J]. Public Budgeting & Finance, 2011: 117 – 132.

[22] McNerney M. J., Etc. DIB Best Practices and Their Relevance to U. S. Strategic Objectives [M] // Defense Institution Building in Africa. Rand, 2016.

[23] Melese F., Appleby C., Larsen B. A Review and Update of Public Budgeting in Defense: Leveraging a New Management Model for Government [J]. DRMI Working Papers Ongoing Research, 2006: 1 – 2.

[24] Philip J. C. National Defense Budgeting and Financial Management Policy & Practice [M]. Charlotte, NC: Information Age Publishing, Incorporated, 2017.

[25] Reed J. E. Budget Preparation, Execution and Methods at the Major Claimant/Budget Submitting Office Level [D]. NPS, Monterey, California. Naval Postgraduate School, 2002.

[26] Raines Jr, Edgar F. Victory on the Potomac: The Goldwater – Nichols Act Unifies the Pentagon [J]. 2004: 59 – 61.

[27] Sullivan R. E. Resource Allocation: The Formal Process [M]. National Security Decision Making Department, Newport: US Navy War College, 2002.

[28] Sullivan R. E. Resource Allocation: The Formal Process [M]. National Security Decision Making Department, Newport: US Navy War College, 2002: 148 – 151.

[29] Schick A. The Road to PPB: The Stages of Budget Reform [J]. Public Administration Review, 1966, 26 (4): 243 – 258.

[30] Toylor B. R. An Analysis of the Departments of the Air Force, Army and Navy Budget Offices and Budget Processes [D]. NPS, Monterey, California. Naval Postgraduate School, 2002.

[31] Tulkoff M. L., Gordon C. V., Dubin R. D, et al. Planning, Programming, and Budgeting System (PPBS) /Multi – year Programming: Reading Guide [R]. Institute for Defense Analyses Alexandria VA, 2010.

[32] U. S. Army War College. Army Organizational Structure, in How the Army Runs: A Senior Leader Reference Handbook (2013 – 2014) [R]. 2013, U. S. Army War College: 3 – 1—3 – 12.

[33] U. S. Army War College. Army Organization, in How the Army Runs: A Senior Leader Reference Handbook (2015 – 2016) [R]. 2015, U. S. Army War

College: 4-1—4-11.

[34] U. S. Army War College. Army Planning, Programming, Budgeting, and Execution Process, in How the Army Runs 2013-2014: A Senior Leader Reference Handbook [R]. Carlisle, PA, 2013: pp 9-1—9-55.

[35] U. S. DOD. Defense Acquisition University (DAU), Defense Acquisition Guidebook [R/OL]. (2018-8-31) [2020-05-20]. https://www.dau.edu/tools/dag.

[36] U. S. Department of Defense. DoD Directive 5000.02, Operation of the Defense AcquisitionSystem [R], Washington, D. C., 2017.

[37] U. S. DoD. DoD Functions of the Department of Defense and Its Major Components [R]. Washington, D. C., Director of administration and management, 2010.

[38] U. S. DOD, Chairman of the Joint Chiefs of Staff Instruction (CJCSI). CJCSI 5123.01G, "Charter of the Joint Requirements Overright Council (JROC)" [R]. Washington, D. C., 2015

[39] U. S. DOD, Chairman of the Joint Chiefs of Staff Instruction (CJCSI). CJCSI 3170.01I, "Joint Capabilities Integration and Development System (JCIDS)" [R]. Washington, D. C., 2015.

[40] U. S. Department of Defense. DoD Directive 7045.14, The Planning, Programming, Budgeting, and Execution (PPBE) Process [R/OL]. (2017-8-29) [2022-10-29]. https://www.esd.whs.mil/Portals/54/Documents/DD/issuances/dodd/704514p.pdf.

[41] U. S. DOD. CJCSI 8501.01B, Chairman of the Joint Chiefs of Staff, Combatant Commanders, Chief, National Guard Bureau, and Joint Staff Participation in the Planning, Programming, Budgeting, and Execution Process [R]. Washington DC, 2021: p. GL-4.

[42] Webb N. J., Candreva P. J. Diagnosing Performance Management and Performance Budgeting Systems: a Case Study of the U. S. Navy [J]. Public Finance and Management, 2010.

[43] West W. F., Lindquist E., Mosher-Howe K. N. NOAA's Resurrection of Program Budgeting: Déjà Vu All Over Again? [J]. Public Administration Review,

2009, 69 (3): 435-447, 370.

[44] West W. F. Program Budgeting and the Performance Movement: The Elusive Quest for Efficiency in Government [M]. Georgetown University Press, 2011. P30.

[45] 杰里·L. 麦卡菲, L. R. 琼斯著, 陈波, 邱一鸣主译. 国防预算与财政管理 [M]. 经济科学出版社, 北京. 2013.